**fundamentação
da metafísica
dos costumes**

# fundamentação da metafísica dos costumes

## immanuel kant

Tradução
INÊS A. LOHBAUER

MARTIN CLARET

© *Copyright* desta tradução: Editora Martin Claret Ltda., 2018.

DIREÇÃO
Martin Claret

PRODUÇÃO EDITORIAL
Carolina Marani Lima
Mayara Zucheli

DIREÇÃO DE ARTE E CAPA
José Duarte T. de Castro

IMAGEM DE CAPA
Orange / Pixabay

DIAGRAMAÇÃO
Giovana Quadrotti

REVISÃO
Alexander Barutti A. Siqueira
Marcelo Maia Torres

IMPRESSÃO E ACABAMENTO
Bartira Gráfica

Este livro segue o novo Acordo Ortográfico da Língua Portuguesa.

---

Dados Internacionais de Catalogação na Publicação (CIP)
(Câmara Brasileira do Livro, SP, Brasil)

Kant, Immanuel, 1724-1804.
 Fundamentação da metafísica dos costumes / Immanuel Kant; tradução Inês A. Lohbauer. – São Paulo: Martin Claret, 2018.

Título original: Grundlegung Zur Metaphysik Der Sitten.
ISBN 978-85-440-0199-8

1. Filosofia I. Título

18-19588          CDD-170

Índices para catálogo sistemático:
1. Metafísica e ética: Filosofia   170

---

EDITORA MARTIN CLARET LTDA.
Rua Alegrete, 62 - Bairro Sumaré - CEP: 01254-010 - São Paulo, SP
Tel.: (11) 3672-8144 - www.martinclaret.com.br
1ª reimpressão - 2024

# SUMÁRIO

Prefácio                        7

FUNDAMENTAÇÃO DA METAFÍSICA DOS COSTUMES

Introdução                21

Prólogo                   25

Primeira seção         33

Segunda seção         47

Terceira seção         89

# PREFÁCIO

## "SE DEUS NÃO EXISTE, TUDO É PERMITIDO?"

JOÃO PAULO S. VILAS BÔAS*

Esta famosa pergunta, formulada a partir de uma passagem do clássico romance do escritor russo Fiódor Dostoiévski *Os Irmãos Karamázov*, serve como um ponto de partida bastante interessante quando se procura entender o contexto de origem e o objetivo filosófico da *Fundamentação da Metafísica dos Costumes* de Kant.

Quase 100 anos antes de Dostoiévski publicar seu romance, o filósofo de Königsberg já se preocupava com a questão sobre se seria ou não possível estabelecer um critério universal para a avaliação moral de todas as ações humanas sem que, para isso, fosse necessário recorrer a algum princípio, discurso, fundamento ou valor religioso.

Para entendermos esta preocupação kantiana e a forma como o filósofo encontrou para lidar com ela, vale a pena iniciar pelo título da obra. O que quer dizer "Fundamentação da Metafísica dos costumes"?

"Metafísica dos costumes" traduz a expressão alemã *Metaphysic der Sitten*, onde o substantivo *Sitte*, traduzido por "costume", tem o mesmo significado da palavra grega *ethos* e do termo latino *mores*, os

---

* Doutor em filosofia pela Unicamp e professor do curso de licenciatura em filosofia da Universidade Federal do Tocantins - UFT. Também integra o corpo docente do programa de mestrado profissional em filosofia (PROF-FILO). É autor de Niilismo e grande política em Nietzsche (Ed. UFPR, 2016).

quais deram origem às palavras ética e moral. Com isso, metafísica dos costumes quer dizer o mesmo que metafísica da moral ou metafísica da ética.

Kant inicia o prólogo da *Fundamentação* com uma retomada da antiga ideia grega de uma divisão tripla da filosofia em lógica, física e ética, esclarecendo que, enquanto a lógica é puramente formal — trata apenas da forma do pensamento em si e não de quaisquer objetos particulares —, a física e a ética, por outro lado, lidam com objetos particulares: a física preocupa-se com as leis da natureza e a ética com as leis da liberdade.

Além disso, a lógica é uma disciplina inteiramente *a priori*.[1] Em contraste, a física e a ética são disciplinas mistas, o que significa dizer que ambas têm partes empíricas e não empíricas. A parte empírica da física ocupa-se diretamente com os fenômenos mutáveis, transitórios e contingentes da natureza sensível — como por exemplo quais tipos de entidades físicas existem e as relações entre elas — sendo que sua parte não empírica trata dos conceitos fundamentais do mundo natural, tais como o espaço, o tempo e a matéria.

Da mesma forma, a ética contém uma parte empírica — referida por Kant como "antropologia prática", que considera "a vontade do ser humano, na medida em que ele é dependente da natureza"[2] — e também uma parte não empírica, que trata da natureza e dos fundamentos da moral. Esta parte *a priori* da ética é denominada por Kant de "metafísica dos costumes".

Nesse sentido, ao escrever uma *Fundamentação da Metafísica dos Costumes*, o filósofo alemão tem por objetivo investigar qual é o critério regulador por excelência da conduta humana; qual o princípio fundador *a priori* a partir do qual a moral pode ser estruturada, o que fica claro a partir da seguinte passagem do prólogo:

---

[1] Kant emprega o adjetivo a priori para caracterizar todo o conhecimento que é independente da experiência. Por contraste, a expressão a posteriori caracteriza aqueles conhecimentos obtidos e justificados apenas por meio da experiência.

[2] *Fundamentação da Metafísica dos Costumes*, Prólogo.

Como meu objetivo, na verdade, está direcionado à filosofia universal dos costumes, limitarei a questão apresentada apenas a isso: se não deveríamos pensar que é extremamente necessária a elaboração de uma filosofia moral pura, isenta de tudo o que possa ser apenas empírico e pertencente à antropologia; pois o fato dela ter de existir é evidente por si só, a partir da ideia geral de dever e de leis morais. Todos devem concordar que uma lei, para valer moralmente, isto é, com base numa obrigatoriedade, precisaria trazer consigo uma necessidade absoluta; que o mandamento "não mentirás" não teria valor apenas para as pessoas, mas que outros seres racionais também deveriam levá-lo em conta, como ocorre com todas as outras leis dos costumes; e que portanto, no caso, o motivo da obrigatoriedade não deveria ser buscado na natureza do ser humano ou nas condições do mundo em que ele está inserido, mas simplesmente a priori em conceitos da razão pura (...)[3]

O fato de Kant ter mencionado o exemplo de um mandamento religioso no mesmo parágrafo onde enuncia o objetivo de sua obra não é nem um pouco casual. Pelo contrário, seu propósito de buscar um fundamento para a moral que esteja desvinculado de quaisquer elementos materiais, circunstâncias culturais, contextos históricos, sociais, políticos, etc. se relaciona com uma característica bastante presente nas reflexões de praticamente todos os grandes filósofos da modernidade, a saber: o repúdio a toda forma de crenças supersticiosas e à postura de obediência cega a algum conjunto determinado de princípios morais que não tenham passado pelo crivo da razão, (incluindo aí também os preceitos religiosos).

Apesar do rigor de sua formação religiosa pietista, Kant não deixa de criticar de maneira bastante firme a submissão não questionada às autoridades religiosas de sua época, como se pode constatar no seu breve ensaio intitulado *"Resposta à pergunta: O que é Esclarecimento?"*, publicado em 1783.

---

[3] Idem. O destaque é nosso.

> Esclarecimento significa a saída do homem de sua minoridade, pela qual ele próprio é responsável. A minoridade é a incapacidade de se servir de seu próprio entendimento sem a tutela de um outro. É a si próprio que se deve atribuir essa minoridade, uma vez que ela não resulta da falta de entendimento, mas da falta de resolução e de coragem necessárias para utilizar seu entendimento sem a tutela de outro. (...)
> Esse Esclarecimento não exige todavia nada mais do que a *liberdade*; e mesmo a mais inofensiva de todas as liberdades, isto é, a de fazer um *uso público* de sua razão em todos os domínios. Mas ouço clamar de todas as partes: não raciocinai! O oficial diz: não raciocinai, mas fazei o exercício! O conselheiro de finanças: não raciocinai, mas pagai! O padre: não raciocinai, mas crede! (Só existe um senhor no mundo que diz: *raciocinai* o quanto quiserdes, e sobre o que quiserdes, mas *obedecei*!). Em toda parte só se vê limitação da liberdade. (...)
> Situei o alvo principal do Esclarecimentro, a saída do homem da minoridade da qual ele próprio é culpado, principalmente no *domínio da religião*: pois, em relação às ciências e às artes, nossos soberanos não se interessaram em desempenhar o papel de tutores de seus súditos. Além disso, essa minoridade à qual me referi, além de ser a mais nociva, é também a mais desonrosa. (...)[4]

Uma vez que Kant entende que o uso da razão seria o caminho para a superação desta minoridade "mais nociva e mais desonrosa" da humanidade, então se torna compreensível a sua afirmação anterior de que o motivo pelo qual o mandamento "não mentirás" tem valor moral não pode ser apontado nas "condições do mundo" (Kant aqui se refere implicitamente ao fato de que ele faz parte de um conjunto de prescrições religiosas).

---

[4] Resposta à pergunta: O que é Esclarecimento?. Trad. Luiz Paulo Rouanet. Disponível em: https://bioetica.catedraunesco.unb.br/wp-content/uploads/2016/04/Immanuel-Kant.-O-que-%C3%A9-esclarecimento.pdf. Acesso em 19 de abril de 2018.

Tendo em vista que tanto as prescrições religiosas como quaisquer outras ocorrências e fatos do mundo empírico são variáveis e carecem de universalidade, tomá-los por fundamento da moral faria com que esta perdesse completamente seu conteúdo e sua força vinculadora, visto que ela poderia ser facilmente alterada ao sabor das circunstâncias.

Nesse sentido, o pressuposto kantiano de que a lei moral deve ser universal e necessária torna-se finalmente compreensível. Com base nele, Kant defende que o valor de um determinado preceito moral precisa necessariamente ser derivado de um conceito *a priori*, sendo que a busca por tal conceito — em outras palavras, a busca pelo fundamento não empírico da moral — é precisamente o objetivo da *Fundamentação*.

Mas qual é, afinal de contas, o fundamento supremo da moral e como Kant chega até ele?

Ao longo das três seções da obra, este pensador desenvolve um percurso argumentativo que parte dos conteúdos do conhecimento moral da razão comum e chega até a suprema lei, a fim de identificar sua existência. Em seguida, ele busca demonstrar a relevância e a força vinculadora deste fundamento moral.

Kant inicia a primeira seção da *Fundamentação* tomando como ponto de partida certas premissas básicas da moral do senso comum, os conceitos de dever e de boa vontade. Principiando pela boa vontade, Kant afirma que, à exceção dela, todos os outros bens e qualidades só são bons na medida em que pressupõem ou derivam sua bondade de outra coisa. A riqueza ou a inteligência, por exemplo, seriam boas ou más conforme o emprego que se faça delas. Já a boa vontade é a única qualidade cujo caráter bom é independente do resultado prático que sua aplicação possa vir a gerar. Em outras palavras, o valor da vontade boa se mantém mesmo no caso em que uma ação orientada por ela tenha gerado um eventual resultado catastrófico.

Tal valorização desvinculada dos resultados efetivos é justificada porque Kant, ao questionar a eficiência da razão em contraposição ao instinto diante da tarefa de satisfazer nossas necessidades práticas, conclui que ela não é adequada a essa tarefa, pois muitas necessidades são inclusive criadas por ela. Ora, uma vez que "a natureza⁵ trabalhou muito bem na distribuição adequada das suas aptidões e talentos",⁶ então "a verdadeira missão da razão deve ser a de produzir uma *boa vontade*, não só como *um meio* para outro objetivo, mas para ser *boa em si mesma*".⁷ Considerando-se que tanto a razão como os instintos e/ou interesses podem motivar as ações humanas, Kant prossegue afirmando não apenas que a vontade guiada pela razão é a única que age pelo dever, mas também que uma ação só tem verdadeiro valor moral quando é praticada unicamente por dever, sem a influência de qualquer outro interesse ou motivo. Nesse sentido, obedecer ao dever significa primeiramente desconsiderar qualquer influência das nossas inclinações⁸ e/ou interesses⁹ particulares.

Na sequência, o filósofo observa que a valoração agregada às ações realizadas por dever independe de qualquer resultado prático eventualmente advindo delas, ou seja, não sofre nenhuma espécie de abalo devido a qualquer consequência onerosa que elas possam vir a gerar. Isso se deve ao fato de que, segundo Kant, o valor atribuído a uma ação por dever encontra-se unicamente no conteúdo moral da sua máxima,¹⁰ e não na ação propriamente dita.

---

⁵ Kant concebe a natureza como uma espécie de "totalidade" com influência sobre todos os seres vivos e capaz de determinar certas características destes, de modo a orientá-los teleologicamente.
⁶ *Fundamentação da Metafísica dos Costumes*, primeira seção.
⁷ Idem.
⁸ Na nota de rodapé nº 5, da segunda seção da *Fundamentação*, Kant conceitua inclinação: "É a dependência da capacidade de desejar relativamente às sensações, e portanto, a todo instante, a inclinação revela uma necessidade".
⁹ Na mesma nota de rodapé mencionada anteriormente, Kant esclarece o que entende por interesse: "a dependência de uma vontade casualmente determinável em relação aos princípios da razão chama-se interesse. Entretanto este último só ocorre numa vontade dependente, que nem sempre está de acordo com a razão (...)".
¹⁰ Na terceira nota de rodapé da primeira seção, Kant mostra que entende pelo termo máxima "o princípio subjetivo da vontade", o qual se contrapõe ao princípio objetivo do querer, a lei prática, a qual é uma regra aplicável a todos e válida universalmente. Nesse sentido, a máxima nada mais seria do que uma regra que orienta a nossa vontade. Toda máxima contém uma regra de conduta, de forma que, sempre que fazemos escolhas em nossa vida estamos adotando máximas.

Combinando as proposições anteriores, Kant resume as noções do senso comum sobre o dever numa proposição: "o dever é a necessidade de uma ação em respeito à lei"[11] Esta proposição final serve como base para a primeira formulação do fundamento da moralidade, a qual é realizada por Kant sem o emprego de um vocabulário filosófico específico, visto que ele ainda procura se manter no âmbito do conhecimento moral do senso comum. Partindo do pressuposto que todas as nossas ações, quer sejam motivadas por inclinação ou pelo dever, devem seguir alguma lei, e considerando-se que o fundamento *a priori* da moral precisa ser necessário e universal — e, portanto, independente de quaisquer circunstâncias e finalidades específicas — Kant conclui que o princípio da moral deve refletir apenas a forma da lei moral em si, ou seja, sua universalidade, e formula-o da seguinte forma: "nunca devo agir de outro modo *a não ser querendo que a minha máxima também se torne uma lei geral*".[12]

Na segunda seção, o próprio título "*Transição da filosofia moral popular para a metafísica dos costumes*" já indica que a intenção de Kant aqui é realizar uma passagem do âmbito do conhecimento moral comum para uma discussão filosoficamente mais aprofundada acerca deste fundamento da moral.

Ao descrever o modo como agimos, Kant afirma que todos os fenômenos da natureza ocorrem de acordo com leis específicas, porém apenas os seres racionais possuem razão prática, isto é, têm a capacidade de reconhecer e consultar leis e princípios para agir. Essas leis e princípios produzem imperativos, que nada mais são do que as diferentes regras que motivam nossas ações.

No entender do filósofo, estes imperativos se dividem em hipotéticos ou categóricos. Os hipotéticos fornecem as diretrizes que um agente precisa seguir quando busca algum objetivo específico, como por exemplo realizar uma viagem ou aprender a nadar. Todavia, como foi visto, o fundamento supremo da lei moral *a priori* deve ser universal e necessário, de modo a servir para todos os agentes

---

[11] *Fundamentação da Metafísica dos Costumes*, primeira seção.
[12] *Fundamentação da Metafísica dos Costumes*, primeira seção.

racionais, independentemente dos objetivos específicos eles possam ter. Isso faz com que este fundamento só possa ser um imperativo categórico, o qual, por definição, está desvinculado de qualquer finalidade específica.

Diante do exposto, a única alternativa possível é pensar no imperativo categórico como estando baseado na noção de uma lei universalmente aplicável. A partir disso, Kant então encontra condições para enunciá-lo na seguinte formulação: "*só aja segundo a máxima da qual poderá querer que se torne uma lei universal*".[13]

Como se pode observar, o imperativo categórico não contem em si nenhuma espécie de conselho, tarefa, mandamento, ou prescrição moral específica. Sua função é a de servir como um critério de avaliação, como uma espécie de teste para cada uma das máximas que regulam nossas ações.

Ainda na segunda seção, Kant procura desenvolver melhor este fundamento, oferecendo outras três formulações diferentes. Na primeira delas, o pensador enfatiza o aspecto da universalidade da natureza: "*aja como se a máxima de sua ação devesse tornar-se, pela sua vontade, uma lei universal da natureza*".[14] Já na segunda, "*Aja de modo a usar a humanidade, tanto na sua pessoa quanto na pessoa de outrem, a todo instante e ao mesmo tempo como um fim, mas jamais apenas como um meio*",[15] Kant enfatiza o caráter universal do imperativo aplicado à humanidade.

Por fim, na terceira formulação do imperativo "*Aja de acordo com máximas que podem, ao mesmo tempo, ter a si mesmas como objeto, como leis naturais universais*",[16] o filósofo enfatiza a importância de que cada ser humano, ao agir, considere a si próprio como um legislador. Isso seria possível se cada agente moral perguntasse a si próprio se ele desejaria que a máxima que orienta sua própria ação se tornasse uma lei universal.

---

[13] *Fundamentação da Metafísica dos Costumes*, segunda seção.
[14] Idem.
[15] Idem.
[16] Idem.

Após explorar as diferentes formulações do imperativo categórico, resta ainda demonstrar de que forma ele se aplica na nossa vida prática. Este último objetivo será desenvolvido na terceira seção, que se concentra numa discussão sobre o problema filosófico da liberdade humana. Nesta seção, Kant retoma um conjunto de reflexões previamente desenvolvidas na *Crítica da Razão Pura* acerca do problema de se conciliar a liberdade humana e o determinismo causal presente em todos os fenômenos da natureza.

Do ponto de vista dos fenômenos naturais, o princípio de que "não existe efeito sem causa" é inquestionável e orienta tanto nossa vida cotidiana como todo o pensamento científico. Quando consideramos que nossas próprias existências são apenas mais uma ocorrência em meio a uma imensidão de outros fenômenos naturais, somos forçados a concluir que, da mesma forma como ocorre com todo o restante da natureza, nossas ações também são inteiramente determinadas por causas específicas, formando uma cadeia ininterrupta de causas e efeitos ao longo do tempo. Isso significaria então que, no fundo, não somos livres.

Por outro lado, podemos considerar a nós mesmos como agentes livres e autônomos, dotados de livre arbítrio e capazes de realizar escolhas sobre como, quando e de que modo tomaremos nossas ações. À diferença das demais criaturas vivas, irremediavelmente determinadas a obedecer seus instintos, impulsos, tropismos, etc., o ser humano é capaz não apenas de criar suas próprias máximas, como também de refletir sobre elas, avaliando-as moralmente e, se assim desejar, mudar sua conduta conforme considere mais adequado.

Estas duas perspectivas distintas e igualmente válidas suscitam a questão de como podemos ser livres se fazemos parte do mundo natural, onde tudo é totalmente determinado pela lei de causa e efeito.

A solução encontrada por Kant para conciliar a ideia da liberdade humana com o determinismo da natureza é afirmar que cada uma destas duas perspectivas corresponde a um diferente aspecto da realidade. De um lado há o mundo tal como o percebemos através da experiência sensível, isto é, o mundo natural determinado pela causalidade. Todos os acontecimentos que nele ocorrem são chamados de fenômenos, pois correspondem àquilo que nos aparece, isto é, àquilo que conseguimos perceber através dos nossos sentidos. Por outro lado, há o mundo como ele é de fato, em si mesmo, em sua essência intrínseca, sobre o qual não temos condição de obter nenhum tipo de conhecimento.

Para exemplificar melhor esta diferença, podemos comparar nossa experiência da realidade com o funcionamento de um computador. Tudo aquilo que afeta nossos cinco sentidos — ou seja, os fenômenos — pode ser comparado com as imagens que aparecem na tela do monitor. Ora, os ícones, as janelas e imagens que conseguimos perceber não correspondem àquilo que de fato ocorre no interior da CPU, onde existe uma placa com inúmeros circuitos eletrônicos, chips, etc., os quais funcionam à base de eletricidade, gerando milhares de microprocessos eletromagnéticos que não têm cor, não formam janelas nem tampouco botões virtuais. Embora não consigamos perceber o processamento de dados do computador com nossos sentidos, nós precisamos admitir que ele realmente existe e também que ele determina inteiramente aquilo que aparece no monitor. Neste exemplo, poderíamos comparar a CPU com as coisas em si mesmas.

Segundo Kant, a experiência que temos da realidade à nossa volta segue uma estrutura parecida, pois ao mesmo tempo em que devemos admitir a existência das coisas em si mesmas, somos forçados a reconhecer nossa total incapacidade de conhecê-las.

É com base na distinção entre fenômenos e coisas em si que o filósofo busca resolver o paradoxo da liberdade humana e do determinismo da natureza, ao propor que consideremos estas duas dimensões do conhecimento como duas perspectivas de entendimento das nossas ações no mundo. Quando exercemos nosso livre arbítrio, temos que considerar a nós mesmos do ponto de vista das coisas em si mesmas — o qual é chamado por Kant de "*mundo do entendimento*".[17] É somente deste ponto de vista que faz sentido falar da liberdade humana. No âmbito dos fenômenos — denominado de "*mundo sensível*"[18] — tudo é estritamente determinado por leis

---

[17] *Fundamentação da Metafísica dos Costumes*, terceira seção.
[18] Idem.

físicas segundo relações de causalidade e não há possibilidade de alteração no curso dos acontecimentos.

Essa dualidade de mundos também ajuda a entender a validade do imperativo categórico. Embora a vida humana possa ser encarada sob estes dois pontos de vista distintos, Kant destaca que "o *mundo do entendimento contém o fundamento do mundo dos sentidos, e assim também das suas leis*",[19] o que significa dizer que o mundo do entendimento é primário e determinante em relação ao mundo sensível. Retomando a metáfora do computador, embora a CPU e o monitor sejam dois aparelhos distintos, é preciso reconhecer que os processos eletromagnéticos da placa mãe controlam totalmente as imagens exibidas no monitor. Se o monitor do computador for destruído, desligado, etc., a CPU poderá continuar funcionando normalmente e o "essencial", isto é, as informações armazenadas na memória, não será perdido. Porém, se a CPU não estiver funcionando, o monitor não irá mostrar nada.

Se o mundo do entendimento é mais fundamental que o mundo dos sentidos, então a força vinculadora do imperativo categórico em relação à nossa conduta moral fica preservada. Com isso Kant finaliza sua obra concluindo que o fundamento da moral *a priori*, a despeito de pertencer ao mundo da compreensão, ainda assim tem a capacidade de influir de forma determinante na nossa conduta no mundo sensível.

Vale observar que, uma vez tendo estabelecido este princípio moral *a priori* universal e necessário, o filósofo alemão viria a dar continuidade às suas reflexões sobre a moral em duas outras obras posteriores, a *Crítica da Razão Prática*, publicada em 1788 e a *Metafísica dos Costumes*, de 1797.

Embora seja difícil afirmar com certeza se Kant era ou não ateu, quando se considera que seu propósito na *Fundamentação* é o de desenvolver as bases para uma filosofia moral capaz de orientar as ações humanas de forma independente de qualquer crença religiosa, então é certo que sua resposta à pergunta que viria a ser futuramente

---

[19] Idem.

tematizada por Dostoiévski é negativa. Em se tratando da conduta moral de um indivíduo esclarecido e autônomo, a existência ou inexistência de Deus e/ou de mandamentos religiosos não possui qualquer influência, pois ele agirá sempre conforme sua razão.

# FUNDAMENTAÇÃO DA METAFÍSICA DOS COSTUMES

# Introdução

Immanuel Kant (na certidão de batismo seu nome é Emanuel, pois ele nasceu no dia de São Emanuel, no ano de 1724 em Königsberg (atual Kaliningrado), na Prússia, e morreu em 12 de fevereiro de 1804, na mesma cidade); foi o quarto de um total de oito filhos de um seleiro, dos quais apenas quatro chegaram à idade adulta. A família era profundamente pietista, e a primeira formação de Immanuel foi nas letras clássicas. Em 1740 ele ingressou na Universidade Albertus, de Königsberg, onde começou a estudar teologia, mas depois interessou-se especialmente pelas ciências naturais, e também pela filosofia — que se tornou a sua matéria mais importante — assim como pela filosofia natural e a matemática elementar. Era considerado um homem rígido, de hábitos rotineiros, totalmente concentrado nos deveres e no trabalho. Mas isso não é totalmente verdadeiro. Gostava de reunir os amigos em sua casa para uma conversa animada; era um exímio jogador de cartas e de bilhar, jogos que lhe rendiam alguns trocados para ajudá-lo a pagar a faculdade. Interrompeu os estudos em 1746 em razão da morte do pai, e começou a trabalhar como professor particular em diversas cidades próximas. Na volta a Königsberg escreveu sua primeira obra, publicada em 1755, *História geral da natureza e teoria dos céus*, e, no mesmo ano, escreveu sua habilitação à docência, *Primeiros fundamentos do conhecimento metafísico*, que lhe proporcionou uma cadeira como docente na Universidade de Königsberg. Seguiram-se muitas outras obras importantes, entre as quais a mais conhecida é a *Crítica da razão pura*, publicada em 1781.

A *Fundamentação da metafísica dos costumes* foi publicada em 1785, quando Kant tinha 61 anos de idade. É o seu primeiro texto fundamental sobre a ética, depois de ter formulado sua filosofia teórica, com a *Crítica da razão pura*. Nesta *Fundamentação da metafísica dos costumes* o seu objetivo é elaborar uma filosofia moral baseada em reflexões sobre a razão pura, e cujos princípios não sejam derivados da experiência, pois ela está submetida a influências casuais. A partir dos conceitos básicos da boa vontade e do dever, Kant desenvolve os conceitos do imperativo categórico, do respeito à lei moral e à dignidade do ser humano como pessoa autônoma. Na última parte da obra, por meio de um complexo raciocínio, Kant tenta provar a validade universal do imperativo categórico.

Nesta *Fundamentação da metafísica dos costumes*, Kant introduz, sob muitos aspectos, um tema em parte tratado mais tarde e mais explicitamente na *Crítica da razão pura*. Portanto, o texto a seguir é bastante apropriado e até essencial para uma boa compreensão e uma introdução a essas obras posteriores. Na *Fundamentação da metafísica dos costumes* ele elaborou em mais detalhes a ética prática, em seus princípios e sua aplicação, mas nesta fundamentação ele não se dedicou a uma teoria dos costumes com um conteúdo empírico, a mencionada antropologia prática.

A obra de Kant sobre a ética teve muitos críticos, entre os quais podemos citar os mais conhecidos: Schiller, Hegel e Schopenhauer.

Schiller, que tinha Kant em elevada estima, disse que a pura racionalidade não é suficiente para a moral, mas que os sentidos e a razão, o dever e a inclinação devem ser harmonizados. O próprio Kant confirma isso em seus escritos sobre a religião, dizendo que

*As inclinações naturais são boas em si mesmas, isto é, irrepreensíveis, e querer exterminá-las não só seria inútil, mas também prejudicial e censurável; na verdade devemos domá-las para que não se exterminem mutuamente, mas possam ser usadas em harmonia, num todo chamado felicidade.*

Hegel acusa Kant de um formalismo vazio, que não se refere ao conteúdo material da moral. Nisso Hegel não percebe que a dignidade humana já se tornou um padrão objetivo na formulação da humanidade. O imperativo categórico é apenas um meio de aferir as máximas, cujo conteúdo material pode ser medido num critério objetivo.

O argumento de Schopenhauer contra a ética do dever, de Kant, diz que o dever incondicional por ele defendido seria um substituto dos mandamentos de Deus, e que com isso Kant defende uma teoria dos costumes na lógica da tradição cristã. Schopenhauer coloca a compaixão na moral, mas Kant rejeitaria isso, pois considera inaceitável que os sentimentos sejam os fundamentos de uma moral, alegando que podemos facilmente nos enganar com eles.

Kant encerra a obra perguntando por que, na verdade, devemos agir moralmente:

*E assim, não entendemos a incondicional necessidade prática do imperativo moral, mas entendemos sua incompreensibilidade, que é tudo o que pode ser exigido justamente da filosofia, que luta com seus princípios até os limites da razão humana.*

Inês A. Lohbauer

# Prólogo

A antiga filosofia grega dividia-se em três ciências: a *física*, a *ética* e a *lógica*. Essa divisão está totalmente de acordo com a natureza da questão, e não necessita de nenhum ajuste, a não ser talvez o acréscimo do seu princípio, para, por um lado, termos a certeza de que está completa, e por outro, possibilitarmos a determinação correta das subdivisões necessárias.

Todo reconhecimento racional ou é *material*, e contempla algum objeto, ou ele é *formal*, e leva em conta apenas a forma do entendimento e da razão em si e as regras gerais do pensamento, sem diferenciar os objetos. A filosofia formal chama-se *lógica*, mas a material, que trata de determinados objetos e leis às quais está submetida, é ambivalente, pois essas leis podem ser tanto da natureza quanto da *liberdade*. A ciência das primeiras chama-se *física*, a das segundas é a ética; aquela também é chamada de ciência natural, e esta de ciência dos costumes.

A lógica em si não pode ter nenhuma parte empírica, em que as leis gerais e necessárias do pensamento estejam baseadas em fundamentos extraídos da experiência, pois assim ela não seria a lógica, isto é, um cânone para o entendimento ou a razão, válido para todo pensamento e que possa ser demonstrado. Por outro lado, tanto a filosofia universal natural quanto a moral podem possuir, cada uma, sua parte empírica, porque aquela precisa determinar suas leis tomando a natureza como objeto da experiência, e esta considerando a vontade do ser humano, na medida em que ele é dependente da natureza; porém as primeiras seriam leis pelas quais tudo acontece, e as segundas, leis pelas quais tudo deve acontecer, mesmo levando em conta as condições em que muitas vezes as coisas não acontecem.

Podemos chamar de *empírica* toda filosofia que se baseia nas razões da experiência, mas quando ela apresenta seus ensinamentos simplesmente a partir de princípios a priori, é chamada de filosofia *pura*. Esta, quando é apenas formal, chama-se *lógica*, mas quando é restrita a determinados objetos do entendimento, chama-se *metafísica*. Desse modo surge a ideia de uma dupla metafísica, uma *metafísica da natureza* e uma *metafísica dos costumes*. Portanto, a física tem um lado empírico, mas também um lado racional; a ética igualmente, pois neste caso a parte empírica poderia ser chamada de uma *antropologia especialmente prática*, enquanto a racional seria chamada de *moral*.

Todas as indústrias, ofícios e artes ganharam muito com a divisão dos trabalhos. As coisas podem ser realizadas com mais facilidade e maior perfeição quando não são feitas por um único indivíduo, mas quando cada um deles se limita a assumir uma determinada atividade, significativamente diferente das outras, de acordo com a maneira como é realizada. Quando os trabalhos não são diferenciados e distribuídos desse modo, quando cada artista possui mil habilidades, os ofícios continuam imersos na maior barbárie. Mas deveríamos perguntar se esse não seria um assunto digno de reflexão, se a filosofia pura não exigiria um homem específico em cada uma das partes, se tudo não poderia melhorar na totalidade do ofício, caso aqueles que se denominam pensadores livres, acostumados a promoverem o empírico misturado ao racional de acordo com o gosto do público, e com todo tipo de condições desconhecidas até mesmo para eles e também para outros, que lidam apenas com a parte racional e costumam lucubrar, fossem advertidos a não realizarem simultaneamente dois ofícios muito diferentes, cada um exigindo um talento especial, e que, quando realizados por uma única pessoa, só resultam em coisas malfeitas. Então nesse caso eu me pergunto se a todo momento a natureza da ciência não exigiria a separação cuidadosa da parte empírica da racional, antepondo à física em si (empírica) uma metafísica da natureza, e à antropologia prática uma metafísica dos costumes, cuidadosamente purificadas de todo empirismo, para se saber quanta razão pura poderia ser produzida em ambos os casos e de quais fontes ela extrairia esse ensinamento, a priori; aliás essa função só deveria ser assumida pelos mestres da moral (toda a legião deles) ou por alguns que sentissem uma vocação a ela.

Na verdade, como meu objetivo está direcionado à filosofia universal dos costumes, limitarei a questão apresentada apenas a isso: se não deveríamos pensar que é extremamente necessária a elaboração de uma filosofia moral pura, isenta de tudo o que possa ser apenas empírico e pertencente à antropologia; pois o fato dela ter de existir é evidente por si só, a partir da ideia geral de dever e de leis morais. Todos devem concordar que uma lei, para valer moralmente, isto é, com base numa obrigatoriedade, precisaria trazer consigo uma necessidade absoluta; que o mandamento "não mentirás" não teria valor apenas para as pessoas, mas que outros seres racionais também deveriam levá-lo em conta, como ocorre com todas as outras leis dos costumes; e que portanto, no caso, o motivo da obrigatoriedade não deveria ser buscado na natureza do ser humano ou nas condições do mundo em que ele está inserido, mas simplesmente a priori em conceitos da razão pura, e em qualquer outra regra baseada nos princípios da mera experiência, e até mesmo, em certo sentido, numa regra universal, na medida em que ela esteja apoiada minimamente em bases empíricas, talvez só de acordo com um único motivo, quando então poderá ser chamada de regra prática, porém nunca de lei moral.

Portanto, dentre todos os conhecimentos práticos, as leis morais com seus princípios distinguem-se de todo o resto que contém algo de empírico, e não apenas em essência, pois toda a filosofia moral baseia-se inteiramente em sua parte pura, e quando aplicada ao ser humano não extrai o mínimo conhecimento do mesmo (antropologia). Mas como o ser humano é um ser racional, a filosofia moral lhe fornece leis a priori que naturalmente ainda exigem, com um julgamento aguçado pela experiência, que em parte se possa distinguir os casos em que elas se aplicam, e em parte proporcionem o acesso à vontade desse ser humano e a energia para a sua aplicação. Pois mesmo ligado a tantas inclinações, o ser humano consegue conceber a ideia de uma pura razão prática, mas não é tão facilmente capaz de torná-la eficaz em sua vida, concretamente.

Por isso uma metafísica dos costumes é estritamente necessária, não só em razão da especulação, para se pesquisar a fonte dos princípios práticos existentes a priori na nossa razão, mas também porque os costumes em si permanecem submetidos a todo tipo de deterioração, enquanto faltar a eles esse fio condutor, a regra mais elevada do seu julgamento correto. Não basta que o moralmente bom seja *conforme* as leis morais, mas ele também precisa ser realizado *de acordo com elas*, caso contrário essa conformidade torna-se apenas casual e incerta, porque eventualmente o motivo imoral produzirá ações em conformidade com a lei, porém, na maioria das vezes, as produzirá contrárias a ela. Em sua pureza e autenticidade (o que é mais importante, justamente na prática) a lei moral não deve ser buscada em nenhum outro lugar a não ser numa filosofia pura, portanto essa metafísica deve precedê-la, pois sem ela não pode haver, em lugar algum, uma filosofia moral; e quando mistura esses princípios puros aos empíricos, ela não merece ser chamada de filosofia (porque ao se apresentar em ciências separadas, diferencia-se do conhecimento racional vulgar, que só entende esses princípios como misturados) e muito menos de uma filosofia da moral, porque justamente por meio dessa mistura prejudica até a pureza dos costumes e atua contrariamente à sua própria finalidade.

Porém não se deve pensar que a exigência mencionada acima já existe na propedêutica do famoso *Wolff*,[1] na sua filosofia da moral, ou seja, na sua assim chamada *filosofia prática universal*, e que esse não seria um campo totalmente novo a ser explorado. Justamente porque deveria ser uma filosofia prática universal, ela não considerou

---

[1] Christian Wolff (1679-1754), filósofo alemão, de uma família profundamente pietista, foi um dos fundadores da economia e da administração, entre outros campos do saber, como disciplina acadêmica, inclusive aconselhando governos. Provavelmente seu trabalho teve um forte impacto na declaração da independência americana. O ideal professado por Wolff era basear as verdades teológicas em evidências matematicamente precisas. O rompimento com os pietistas ocorreu em 1721, quando publicou o artigo *Die Praktische Philosophie der Chinesen* (*A filosofia prática dos chineses*), em que elogiava a pureza dos preceitos morais de Confúcio, apontando-os como uma evidência do poder da razão humana para alcançar a verdade moral por meio do esforço próprio. Deixou cerca de vinte obras, entre as quais, uma das primeiras foi *Anfangsgründe der aller mathematischen Wissenschaften* (*Princípios básicos de todas as ciências matemáticas*), de 1710, e uma das últimas *Philosophia Moralis* (*Filosofia moral*), de 1750. (N.T.)

nenhuma vontade de um tipo especial, sem os motivos empíricos, mas determinada integralmente por princípios a priori, e que poderíamos chamar de uma vontade pura, considerando-se a vontade geral com todas as ações e condições que lhe cabem nesse significado. Com isso ela se distingue de uma metafísica dos costumes, assim como a lógica geral se distingue da filosofia transcendental, em que a primeira apresenta as ações e as regras do pensamento *em geral*, e a segunda apenas as ações e regras especiais do pensamento *puro*, isto é, aquele pelo qual os objetos são totalmente conhecidos a priori. Portanto, a metafísica dos costumes deve examinar a ideia e os princípios de uma possível vontade *pura*, e não as ações e condições da vontade humana em geral, em grande parte extraídas da psicologia. O fato de se falar também de leis morais e de dever na filosofia prática universal (ainda que sem competência) não se constitui em nenhuma objeção à minha afirmação. Pois os autores daquela ciência permanecem fiéis à sua ideia sobre a mesma, e também aos motivos apresentados totalmente a priori apenas pela razão, e que, na verdade, são motivos morais, e não os diferenciam dos empíricos, que o entendimento eleva a conceitos gerais apenas por meio da comparação das experiências. Mas, sem dar atenção à diferença das suas fontes, consideram-nos apenas de acordo com a sua maior ou menor quantidade (na medida em que todos são vistos como sendo do mesmo tipo). A partir disso eles criam seu conceito de *obrigatoriedade*, que naturalmente nada mais é do que a moral, porém tão bom quanto possa ser exigido numa filosofia que nem leva em conta a *origem* de todos os possíveis conceitos práticos, isto é, se ocorrem a priori ou apenas a posteriori.

    Então, com o propósito de algum dia elaborar uma metafísica dos costumes, apresento esta fundamentação como um trabalho prévio. Na verdade, não existe nenhum outro fundamento a ele além da crítica de uma razão *pura prática*, assim como a já publicada *crítica da razão pura especulativa* foi para a metafísica. Em parte esta última não é tão extremamente necessária quanto aquela, porque a razão humana, na moralidade em si, mesmo na sua compreensão mais geral, pode ser facilmente conduzida a uma precisão e uma exatidão maiores, e por outro lado porque no uso teórico mais puro ela é inteiramente dialética. Entretanto, para que a *crítica* de uma razão *pura prática* seja completa, exijo também que a sua unidade com a especulativa seja apresentada simultaneamente num princípio comum. Isso porque no final só pode haver uma única e mesma razão, diferente apenas na sua aplicação. Mas eu ainda não conseguiria chegar a um aperfeiçoamento como esse sem traçar considerações de um tipo bem diferente, que poderiam confundir o leitor. Por isso, em vez de usar a designação de uma *crítica da razão pura prática*, eu o fiz usando a de uma *fundamentação da metafísica dos costumes*.

Em terceiro lugar, como uma metafísica dos costumes, apesar do título assustador, também é passível de um elevado grau de popularidade e adaptação à compreensão vulgar, considero útil separá-la desta elaboração preliminar dos fundamentos, para não precisar acrescentar futuramente, em ensinamentos mais compreensíveis, as inevitáveis sutilezas contidas neste trabalho.

A presente fundamentação nada mais é do que a busca e a determinação do *supremo princípio* da moralidade, o que, em seu propósito, constitui um trabalho completo, totalmente à parte de todas as outras investigações sobre os costumes. Minhas afirmações sobre essa importante questão, de longe ainda não elucidada satisfatoriamente, poderiam tornar-se bem mais claras com a aplicação do mesmo princípio em todo o sistema, e com uma ampla confirmação por meio da suficiência que ela permitiria entrever em todos os lugares. Mas precisei abrir mão dessa vantagem, que na verdade visaria muito mais a satisfação do meu amor próprio do que uma utilidade geral, porque a facilidade no uso e a aparente suficiência de um princípio não oferecem nenhuma prova segura de sua precisão, e apenas despertam nas pessoas uma certa parcialidade, com a suspeita de que ele não foi pesquisado e ponderado com o devido rigor, sem qualquer consideração pelas consequências.

Neste texto adotei o método que julguei o mais conveniente quando se quer passar analiticamente do conhecimento vulgar à determinação do seu princípio mais elevado, e depois tomar o caminho de volta, sinteticamente, da avaliação desse princípio e suas fontes até o conhecimento vulgar, e nele encontrar o seu uso. Portanto, a divisão fica como se segue:

*Primeira seção*: Transição do conhecimento moral da razão vulgar para o conhecimento filosófico.

*Segunda seção*: Transição da filosofia moral popular para a metafísica dos costumes.

*Terceira seção*: Último passo da metafísica dos costumes para a crítica da razão pura prática.

# Primeira Seção

## TRANSIÇÃO DO CONHECIMENTO MORAL DA RAZÃO VULGAR PARA O CONHECIMENTO FILOSÓFICO

Em todos os lugares do mundo, até mesmo fora dele, não se pode imaginar o que poderia ser considerado bom, sem restrições, a não ser uma *boa vontade*. Sem sombra de dúvida, sob muitos aspectos, a compreensão, a presença de espírito, a capacidade de julgamento e como todos os outros *talentos* do espírito possam se chamar, assim como a coragem, a determinação e a perseverança na busca de objetivos, como características do *temperamento*, são sempre bons e desejáveis. Mas podem também tornar-se extremamente maléficos e danosos, se a vontade que deve utilizar esses dons da natureza, uma vontade cuja qualidade peculiar é chamada de *caráter*, não for boa. O mesmo ocorre com os *dons da sorte*. Poder, riqueza, honra e até mesmo saúde, bem-estar e satisfação, todos reunidos sob o nome de *felicidade*, dão um forte ânimo ao ser humano e frequentemente até levam-no à prepotência, quando não há uma boa vontade que retifique sua influência sobre a índole, e também não há um princípio para a ação, que a torne amplamente adequada. Sem mencionar que um espectador sensato, imparcial, ao ver o bem-estar constante de um ser que não revela nenhum traço de uma vontade boa e pura, nunca mais se sentirá bem, e assim a boa vontade parece constituir-se na condição indispensável para se merecer a felicidade.

Algumas características são até favoráveis a essa boa vontade e podem facilitar muito seu trabalho, mas, a não ser por isso, elas não têm nenhum valor intrínseco absoluto, e sempre pressupõem uma boa vontade que limita o elevado valor que lhe atribuímos, não permitindo que sejam simplesmente consideradas boas. A moderação nos afetos e paixões, o autodomínio e a sóbria reflexão não são apenas boas características em diversos aspectos, mas parecem até constituir uma parte dos valores *internos* da pessoa; porém falta muito para serem declaradas boas, sem restrições (apesar de terem sido incondicionalmente louvadas pelos antigos). Pois sem os princípios de uma boa vontade essas características podem tornar-se muito ruins, e o sangue frio de um malfeitor não o torna apenas mais perigoso, mas invariavelmente, a nossos olhos, mais repulsivo ainda do que sem elas.

A boa vontade não é boa pelo que causa ou realiza, não é boa pela sua utilidade em alcançar algum objetivo predeterminado, mas é boa apenas pelo querer, isto é, em si mesma, e, considerada assim, sem comparação, ela tem muito mais valor do que tudo o que poderia ser produzido por meio dela em favor de uma inclinação, ou se quisermos, em favor da somatória de todas as inclinações. Se, por causa de um infortúnio excepcional, ou da escassez de recursos disponibilizados por uma natureza madrasta, essa vontade não dispusesse da capacidade para realizar seu propósito, e, apesar dos seus maiores esforços, não conseguisse realizar nada, deixando como resto apenas a boa vontade (naturalmente não seria um mero querer, mas a mobilização de todos os meios ao seu alcance), mesmo assim ela brilharia como uma joia, que concentra todo o valor em si mesma. A utilidade ou inutilidade não podem retirar ou acrescentar algo a esse valor. Seriam apenas como um engaste para o seu melhor manuseio nas transações usuais, ou para atrair a atenção daqueles que ainda não têm o conhecimento suficiente sobre ela, mas não para recomendá-la a peritos que determinem seu valor.

Do mesmo modo, há algo tão estranho na ideia do valor absoluto da mera vontade, independentemente da utilidade dessa avaliação, que, mesmo sem se levar em conta toda a sua conformidade até mesmo à razão comum, surge uma suspeita de que talvez em sua base exista apenas uma pretensa ilusão oculta, e que a natureza tenha sido entendida de forma equivocada em seu propósito de incluir a razão na nossa vontade, no papel de uma governante. Por isso queremos colocar à prova essa ideia, desse ponto de vista.

Suponhamos como princípio que, na estrutura natural de um ser organizado, isto é, adequadamente equipado para a vida, não seja encontrada nenhuma ferramenta para qualquer outra finalidade além daquela que lhe seja mais conveniente e mais adequada. Se a manutenção, o *bem-estar*, em uma palavra, a *felicidade* de um ser que possui razão e vontade fossem o verdadeiro objetivo da natureza, então a sua decisão de escolher a razão da criatura para executar esse propósito foi muito mal acertada. Pois todas as ações que essa criatura tivesse de realizar para alcançar esses propósitos, e todas as regras de conduta que teria de adotar para isso, teriam sido prescritas a ela com muito mais precisão pelo seu instinto, e além disso, por meio dele, aqueles propósitos poderiam ter sido cumpridos com muito mais segurança do que jamais o poderiam por meio da razão. E caso esta última, em primeiro lugar, fosse atribuída à criatura como um privilégio, só deveria servir-lhe para fazer reflexões sobre a feliz aptidão de sua natureza, admirá-la, alegrar-se com ela e sentir-se grato por sua benevolência, mas não para submeter a sua capacidade de querer à condução fraca e traiçoeira dessa razão, causando estragos no propósito da natureza. Em uma palavra, esta teria impedido que a razão fosse *usada na prática*, e tivesse a ousadia de inventar, com suas noções tão fracas, o projeto de felicidade e os meios para realizá-lo. A natureza não assumiria apenas a escolha dos objetivos, mas também dos meios em si, e com uma sábia precaução, simplesmente teria confiado ambos ao instinto.

Na prática também achamos que quanto mais uma razão cultivada se dedica ao desfrute da vida e da felicidade mais o homem se desvia da verdadeira satisfação; em muitos deles, inclusive nos mais experientes no uso da razão, até surge um certo grau de *misologia*,[1] isto é, o ódio à razão, quando são suficientemente sinceros para confessá-lo. Isso porque, depois de calcularem todas as vantagens que podem obter, e não falo aqui da invenção de todas as artes do luxo vulgar e até das ciências (que no final também lhes parece um luxo da razão) ainda acham que na prática seus esforços foram maiores do que os seus ganhos em felicidade. E com isso, finalmente, eles invejam mais do que menosprezam as pessoas de uma classe inferior, por estarem mais próximas do simples instinto natural e não admitirem que sua razão exerça muita influência sobre suas ações e omissões. Por isso, devemos reconhecer que de modo algum são zangados ou

---

[1] Ódio ao raciocínio, horror às ciências. (N.T.)

mal-agradecidos com a bondade do governo universal, os juízos daqueles que moderam e até rebaixam a menos de zero os presunçosos elogios das vantagens que a razão deveria nos proporcionar, em relação à felicidade e à satisfação da vida, pois, na sua base, esses juízos contém a ideia de um outro propósito muito mais digno da existência, para o qual, e não para a felicidade, a razão foi totalmente determinada, e que por isso, como condição superior, em grande parte ele deve se sobrepor aos propósitos privativos do ser humano.

Se a razão não é suficientemente apta a conduzir a vontade com segurança, considerando os objetos dessa vontade e a satisfação de todas as nossas necessidades (que em parte ela mesma multiplica); se um instinto natural inerente poderia tê-la conduzido a esse objetivo com muito mais segurança, não obstante essa razão nos ter sido atribuída como um recurso prático, isto é, para exercer uma influência na *vontade*, então a verdadeira missão da razão deve ser a de produzir uma *boa vontade*, não só como *um meio* para outro objetivo, mas para ser boa *em si mesma*. Para isso a razão foi absolutamente necessária, pois em todos os lugares a natureza trabalhou muito bem na distribuição adequada das suas aptidões e talentos. Portanto, essa vontade não pode ser o único nem todo o bem, mas o bem supremo e também condição para todo o resto, até para o desejo de felicidade. Neste caso isso é totalmente compatível com a sabedoria da natureza, quando se percebe que a cultura da razão, necessária para o primeiro e incondicional propósito, restringe de diversas maneiras, pelo menos nesta vida, a conquista do segundo, sempre condicional, ou seja, a felicidade, e até a reduz a menos de um nada, sem que a natureza atue nisso de modo inconveniente. Isso porque a razão que reconhece a criação de uma boa vontade como sua mais elevada missão prática, ao alcançar esse propósito é capaz de uma única satisfação à sua maneira, ou seja, a do alcance de um objetivo que, por outro lado, só ela determina, mesmo que esse objetivo esteja vinculado a algum prejuízo aos objetivos da inclinação.

Mas para desenvolver o conceito de uma boa vontade respeitável por si mesma e sem outro propósito, como o conceito que já existe na compreensão natural saudável, e que não precise ser ensinado mas apenas muito mais esclarecido; para desenvolver esse conceito que sempre está à frente nas estimativas do valor de nossas ações, e constitui a condição de todo resto, vamos considerar o conceito de *dever*, que, mesmo com determinadas restrições e obstáculos subjetivos, já contém o conceito de uma boa vontade, mas que, longe de escondê-lo e torná-lo irreconhecível, coloca-o em destaque, fazendo com que apareça mais claramente.

Passo por cima de todas as ações reconhecidamente contrárias ao dever, mesmo que possam ser úteis para este ou aquele propósito, pois nunca se pergunta se são realizadas *por dever*, na medida em que são contrárias a ele. Também deixo de lado as ações que de fato estão conforme o dever, às quais porém as pessoas não têm nenhuma *inclinação*, realizando-as apenas porque são levadas a isso por alguma outra inclinação. Então pode-se distinguir facilmente se a ação conforme o dever foi realizada *por dever* ou com um propósito egoísta. Essa diferença é muito mais difícil de ser percebida quando a ação é conforme o dever, e além disso o sujeito se sente levado a realizá-la por uma inclinação *imediata*. Por exemplo, é conforme o dever quando o comerciante não aumenta o preço para seu freguês inexperiente, e não faz isso também quando há muito movimento em seu comércio; então o esperto comerciante mantém um preço fixo para todos, e até uma criança pode comprar em sua loja como qualquer outra pessoa. Portanto, todos são atendidos *honestamente*. Porém tudo isso ainda não é o bastante para se acreditar que o comerciante agiu desse modo por dever e pelo princípio de honestidade; na verdade ele fez isso para garantir o seu ganho, mas não se pode supor que, além de tudo, ele ainda sentisse alguma empatia pelos compradores para, só por afeição, não privilegiar nenhum deles em detrimento de outros. Portanto, a ação não foi realizada por dever, nem por alguma empatia imediata, mas apenas com um propósito egoísta.

Por outro lado, manter a vida é um dever, e todo mundo tem uma tendência a isso. Mas para esse fim, muitas vezes a temerosa preocupação que a maior parte das pessoas sente a esse respeito não tem nenhum valor interior, e a sua máxima não tem nenhum conteúdo moral. As pessoas preservam suas vidas *conforme o dever*, mas não *por dever*. Por outro lado, quando as contrariedades e a falta de esperança anulam totalmente o prazer que uma pessoa sente com a vida; se esta pessoa infeliz, porém de alma forte, está mais indignada do que desanimada e abatida com seu destino a ponto de desejar a morte e, mesmo sem amar a vida ele a preserva, não por inclinação ou temor, mas por dever, então a sua máxima possui um conteúdo moral.

Ser benevolente sempre que possível é um dever, e existem algumas almas tão sintonizadas com isso que sentem um grande prazer interior em fazer o bem, mesmo sem outro motivo como a vaidade ou o interesse próprio; elas espalham alegria à sua volta e conseguem se sentir felizes com a satisfação dos outros, na medida em que foram as causadoras dessa satisfação. Mas considero que, por mais que seja uma gentileza e conforme o dever, essa ação não possui um valor moral verdadeiro, pois está emparelhada com outras inclinações, por exemplo, o desejo de honrarias. Quando, por sorte, este último coincide com o que na prática possui uma utilidade geral e está conforme o dever, portanto é digno de honrarias, merece todo louvor e estímulo, mas não uma valorização, pois falta à sua máxima o conteúdo moral de realizar essas ações não por inclinação, mas *por dever*. Portanto, suponhamos que a alma desse ser humanitário estivesse turvada pela tristeza, o que sufocaria toda a sua empatia pelo destino dos outros, e ainda assim ele fosse capaz de fazer o bem a outros sofredores, mas não de se sentir tocado pela angústia alheia, por estar absorvido demais pela própria angústia; então, como nenhuma inclinação seria capaz de impeli-lo a isso, suponhamos que ele conseguisse superar essa sua insensibilidade mortal e agisse sem qualquer inclinação, simplesmente por dever; neste caso, sua ação teria, em primeiro lugar, um valor moral verdadeiro. E mais: se a natureza tivesse colocado pouca empatia no coração deste ou daquele homem, se ele (aliás, um homem honesto) demonstrasse um temperamento frio e indiferente diante do sofrimento dos outros, e, por ser dotado de uma paciência especial e de uma grande força de resistência diante do próprio sofrimento, ele imaginasse o mesmo nos outros, ou até o exigisse; se a natureza não tivesse criado esse homem (que certamente não teria sido seu pior produto) para ser humanitário, será que mesmo assim ele não encontraria dentro de si uma fonte para atribuir a si mesmo um valor bem mais elevado do que aquele originário de um temperamento benevolente? Sem dúvida! Justamente nisso é que se ancora o valor do caráter que, moralmente e sem qualquer comparação, é o mais elevado, ou seja, quando se faz o bem, não por inclinação, mas por dever.

Assegurar a própria felicidade é um dever (ao menos indiretamente), pois a falta de satisfação com a própria situação, num emaranhado de muitas preocupações e no meio de necessidades insatisfeitas, poderia facilmente levar à *tentação* de transgredir os deveres. Mas, neste caso, sem considerar esses deveres, todas as pessoas já têm, por si só, a mais forte e íntima inclinação à felicidade, porque justamente todas as inclinações se reúnem nessa ideia. Só que a regra da felicidade geralmente é constituída de modo a produzir um grande prejuízo a algumas inclinações, e o ser humano não consegue formular um conceito determinado e seguro a partir da somatória das satisfações, todas reunidas sob o nome de felicidade; então não é de se admirar que uma única inclinação determinada, considerando o que ela promete e o tempo de que necessita para a sua satisfação, prevaleça sobre uma ideia inconstante, e o homem, por exemplo, um portador de podagra,[2] decida saborear o que lhe agrada e sofrer o que consegue sofrer, porque, depois de avaliar as coisas, pelo menos ele não se privou do desfrute do momento presente por causa de uma talvez infundada esperança de felicidade, baseada na boa saúde. Mas também neste caso, quando sua inclinação geral à felicidade não determinou sua vontade, quando a saúde não fez parte necessariamente dessa sua avaliação, então, como em todos os outros casos, resta apenas uma lei, ou seja, a de promover sua felicidade não por inclinação, mas por dever, é quando seu comportamento, antes de tudo, passa a ter o verdadeiro valor moral.

Sem dúvida, é assim também que devem ser entendidas as escrituras em que se manda amar o próximo, mesmo que ele seja nosso maior inimigo. Pois como inclinação, o amor não pode ser

---

[2] Podagra é uma inflamação, uma espécie de artrite, que constitui a primeira manifestação clínica da "gota" úrica, mas pode também estar presente em outras enfermidades. Geralmente é causada pela ingestão de certos alimentos, entre eles a carne. (N.T.)

um mandamento, mas a bondade por amor, mesmo sem ser produzida por nenhuma inclinação e até mesmo provida de uma certa aversão natural e intransponível, é um amor *prático* e não *patológico*, contido na vontade e não na inclinação à sensibilidade, nos princípios da ação e não na empatia sentimental; mas só ele pode ser um mandamento.

A segunda proposição diz que uma ação realizada por dever *possui seu valor moral* não *no propósito* a ser alcançado por ela, porém na máxima pela qual é determinada, portanto, não depende da existência real do objeto da ação, mas apenas do *princípio do querer* pela qual ocorreu, sem considerar todos os objetos do desejo como um todo. Do que foi dito acima, fica claro que os propósitos visados pelas nossas ações e os seus efeitos, considerados como finalidades e forças motrizes da vontade, não podem conferir nenhum valor incondicional e moral às ações. Portanto, onde pode se situar esse valor, se ele não existe na vontade, em relação ao seu resultado esperado? Não pode se situar em nenhum outro lugar a não ser no *princípio da vontade*, independente dos resultados dessa ação; pois a vontade está entre seu princípio a priori, que é formal, e seu indutor a posteriori, que é material. A vontade, então, está bem no meio de uma encruzilhada, e como precisa ser determinada por alguma coisa, quando uma ação é realizada por dever, então terá de ser determinada pelo seu princípio formal, pois todo princípio material lhe foi subtraído.

A terceira proposição, como consequência das duas anteriores, poderia ser expressa do seguinte modo: *o dever é a necessidade de uma ação em respeito à lei.* Posso até ter uma *inclinação* pelo objeto, como efeito da ação que pretendo realizar, mas *nunca respeito*, justamente porque ele é apenas um efeito e não a atividade de uma vontade. Por isso não posso ter respeito por uma inclinação, minha ou de outrem; no primeiro caso posso no máximo aprová-la, e no segundo posso até chegar a amá-la, isto é, encará-la favoravelmente como uma vantagem para mim. Só pode ser objeto de respeito, e portanto um mandamento, o que está ligado à minha vontade como um princípio, porém nunca como efeito, o que não serve à minha inclinação mas prevalece sobre ela, ou pelo menos a exclui totalmente da avaliação na escolha, ou seja, a simples lei em si. Então, uma ação por dever deve separar inteiramente a influência da inclinação, e com ela todo o objeto da vontade; portanto, não resta nada que possa determinar a vontade além da *lei*, objetivamente, e subjetivamente o *mero respeito* a essa lei prática, ou seja, a máxima[3] que manda obedecer à lei, até mesmo com prejuízo de todas as minhas inclinações.

Portanto, o valor moral da ação não se situa no efeito esperado, e também não em algum princípio da ação que precise emprestar sua motivação desse efeito esperado. Pois todos esses efeitos (a comodidade da própria situação, ou até a promoção da felicidade alheia) poderiam ser produzidos também por outras causas, e portanto, para isso não haveria necessidade da vontade de um ser racional, o único lugar em que pode ser encontrado o bem incondicional e supremo. Por isso, nada pode importar além da *ideia da lei em si*, que *naturalmente* só ocorre no ser racional, na medida em que ela, e não o esperado efeito, é a motivação determinante da vontade, ou seja, aquele bem tão excelente que chamamos de moral, e que já está presente na própria pessoa que age de acordo, mas que não deve ser esperado, em primeiro lugar, do efeito.[4]

---

[3] A máxima é o princípio subjetivo da vontade. O princípio objetivo — isto é, aquele que serviria como um princípio prático a todos os seres racionais, inclusive subjetivamente, caso a razão tivesse o domínio total sobre o desejo —, é a lei prática. (N. A.)

[4] Eu poderia ser acusado de buscar, atrás da palavra *respeito*, apenas um refúgio num sentimento obscuro, em vez de dar uma informação clara à questão, por meio de um conceito da razão. Mesmo que o respeito seja um sentimento, ele não é um sentimento recebido por alguma influência, mas produziu a si mesmo por meio de um conceito da razão, e por isso é especificamente diferente de todos os sentimentos do primeiro tipo, baseados na inclinação ou no medo. O que reconheço diretamente como lei, para mim, reconheço com respeito, o que demonstra apenas a consciência da *subordinação* de minha vontade a uma lei, sem a intermediação de outras influências no meu espírito. A determinação direta da vontade por meio da lei e a consciência disso chama-se *respeito*, que assim é visto como o *efeito* da lei sobre o sujeito, e não como *causa* dela. Na verdade, o respeito é a ideia de um valor que prejudica meu amor próprio. Portanto, não é considerado objeto de inclinação nem de medo, apesar de ter com ambos, ao mesmo tempo, algo de analógico. Por isso o *objeto* do respeito é simplesmente a *lei*, justamente aquela que *nos impomos*, como necessária em si mesma. Como lei em si, nós nos subordinamos a ela sem

Mas que lei poderá ser essa, cuja ideia, mesmo sem levar em consideração o efeito que se espera dela, precisa determinar a vontade para que esta possa ser chamada simplesmente de "boa", sem restrições? Como eu subtraí da vontade toda indução que pudesse impedi-la de obedecer a alguma lei, nada resta além da legalidade geral das ações, que deve ser a única a servir de princípio à vontade, isto é, nunca devo agir de outro modo *a não* ser querendo que a minha máxima também se torne uma lei geral. Neste caso a mera legalidade (sem colocar uma lei determinada como base de certas ações) é o que serve de princípio para a vontade, e também precisa servir-lhe para isso, para que o dever não seja, em todos os lugares, apenas uma ilusão vazia e um conceito quimérico; em sua avaliação prática o senso comum humano está totalmente de acordo com isso e mantém sempre presente o princípio imaginário.

Por exemplo, quando pergunto: será que, quando estou em apuros eu não posso fazer uma promessa, sabendo que não pretendo cumpri-la? Aqui eu mostro facilmente os dois diferentes significados que a pergunta pode ter, ou seja, se ao fazer uma falsa promessa estou sendo sagaz, ou agindo conforme o dever. Sem dúvida, o primeiro caso pode ocorrer com mais frequência. Entretanto vejo que não é suficiente eu me livrar de um apuro atual por meio desse subterfúgio, mas deveria ponderar se, a partir dessa mentira, não poderia surgir posteriormente um incômodo muito maior do que aqueles dos quais tento me libertar agora; e se a perda da confiança depositada em mim não seria muito mais desvantajosa do que todo o mal que agora pretendo evitar, pois, apesar de minha suposta *sagacidade*, as consequências não são tão facilmente previsíveis. Seria muito mais

---

consultar nosso amor próprio; mas como lei imposta a nós por nós mesmos, ela é de fato a consequência de nossa vontade, e no primeiro caso possui analogia com o medo, e no segundo com a inclinação. Todo respeito a uma pessoa é na verdade apenas respeito à lei (retidão etc.), da qual essa pessoa nos dá o exemplo. Como consideramos a ampliação dos nossos talentos também um dever, consideramos uma pessoa de talentos como o *exemplo de uma lei* (de nos tornarmos semelhantes a ela por meio da prática), e isso dá importância ao nosso respeito. Todo assim chamado *interesse* moral consiste simplesmente no *respeito* à lei. (N. A.)

*inteligente* proceder de acordo com uma máxima geral e adotar o hábito de não prometer nada, a não ser que eu tenha a intenção de cumprir a promessa. Logo, torna-se óbvio para mim que uma máxima como essa sempre tem como base as consequências mais preocupantes. Ser honesto por dever é muito diferente do que ser honesto por causa da preocupação com as consequências desvantajosas; no primeiro caso, o conceito da ação em si mesmo já contém uma lei para mim, no segundo, antes de tudo preciso procurar descobrir os efeitos que, para mim, poderiam estar vinculados a isso. Pois quando eu me afasto do princípio do dever, com toda certeza isso é ruim; mas às vezes pode ser muito vantajoso para mim renegar a máxima da minha sagacidade, se bem que naturalmente é mais seguro permanecer com ela. Entretanto para obter a resposta à pergunta se uma promessa mentirosa é conforme o dever, tento esclarecer-me da forma mais sucinta, porém infalível, perguntando se eu ficaria satisfeito caso minha máxima (livrar-me dos apuros por meio de uma promessa falsa) tivesse o valor de uma lei universal (tanto para mim quanto para os outros). Eu poderia perguntar a mim mesmo: então qualquer um pode fazer uma falsa promessa, quando está metido em apuros dos quais não consegue se livrar de outro modo? Então logo percebo que posso até querer a mentira, mas não posso usá-la como se ela fosse uma lei universal, pois, de acordo com essa lei, nem poderia haver uma promessa. Seria em vão afirmar minha vontade aos outros, pois eles não acreditariam nessa afirmação, ou, se o fizessem de uma forma precipitada, logo me pagariam com a mesma moeda; portanto, tão logo minha máxima se tornasse uma lei universal, ela se destruiria sozinha.

Então, não preciso ser muito perspicaz para saber o que devo fazer para que a minha vontade seja moralmente boa. Inexperiente em relação ao que ocorre no mundo, incapaz de prever todos os seus acontecimentos, eu apenas me pergunto: você também poderia querer que a sua máxima se tornasse uma lei universal? Se não, então ela é reprovável, e não por causa de algum prejuízo iminente para você ou para outras pessoas, mas porque ela não cabe, como princípio, numa possível legislação universal. A razão obriga-me a um respeito imediato a essa legislação, pois ainda não *compreendo* qual é seu fundamento (o que o filósofo deve examinar); mas pelo menos entendo que é a estimativa de um valor que prevalece amplamente sobre todo valor do que é apregoado pela inclinação, e que a necessidade das minhas ações, por *puro* respeito à lei prática, é constituída pelo dever que precisa excluir qualquer outra motivação, porque é a condição de uma vontade boa *em si*, cujo valor se sobrepõe a tudo.

Assim, chegamos ao princípio do reconhecimento moral da razão humana comum, princípio que naturalmente ela não imagina como uma forma geral apartada, mas mantém diante dos olhos a todo momento e usa como parâmetro em suas avaliações. Seria fácil mostrarmos aqui como, com essa bússola na mão, em todos os casos e a todo momento, essa razão comum sabe muito bem distinguir o que é bom, o que é mau, o que é conforme o dever ou contrário ao dever, e sem lhe ensinar nada de novo, mas apenas, como o fez Sócrates, chamando sua atenção para o próprio princípio, e que, portanto, não se tem necessidade de nenhuma ciência ou filosofia para saber o que fazer para ser honesto e bom, e até sábio e virtuoso. Também pode-se presumir que toda pessoa deve saber, previamente, o que lhe cabe fazer, e que portanto esse conhecimento deverá ser um assunto de todos, até mesmo da pessoa mais comum. Mesmo assim podemos ver com admiração como na razão humana a capacidade prática de julgamento está bem adiante da teórica; quando a razão humana comum ousa afastar-se das leis da experiência e da percepção dos sentidos, ela incorre em diversos desentendimentos e contradições consigo mesma, no mínimo em um caos de incerteza, escuridão e instabilidade. Porém na prática o poder de julgamento começa a se mostrar bastante vantajoso quando a razão humana comum exclui das leis práticas todos os impulsos sensíveis. Então ele até se torna sutil, ou seja, tenta trapacear com sua consciência ou com outras exigências em relação ao que deve ser chamado de correto, ou também, determinar com honestidade o valor de suas ações para seu aprendizado; e o mais importante, no último caso ele pode ter tanta esperança de acertar quanto um filósofo que sempre promete isso, ou até com mais certeza do que ele, que não pode ter outro princípio, mas que pode facilmente ter o seu julgamento confundido por uma grande quantidade de reflexões estranhas, alheias à questão, desviando-o da linha reta. Então, não seria mais aconselhável deixar para o julgamento do senso comum tudo que diz respeito às questões morais, e no máximo usar a filosofia para apresentar o sistema moral de modo mais completo e compreensível, descrevendo as regras para a sua utilização (e mais ainda para a sua discussão) com mais comodidade, mas não para retirar, até mesmo com um propósito prático, a feliz simplicidade do senso humano comum e, por meio da filosofia, levá-lo a um novo caminho de investigação e ensinamento?

A inocência é uma coisa maravilhosa, por outro lado é muito grave que não se consiga preservá-la, e que ela possa ser tão facilmente corrompida. Por isso a sabedoria — que consiste mais no fazer e no deixar de fazer do que no conhecer — também precisa da ciência, e não para aprender com ela, mas para proporcionar estabilidade às suas regras e acesso a elas. O ser humano sente dentro de si um poderoso contrapeso nas suas necessidades e inclinações, cuja satisfação total ele sintetiza sob o nome de felicidade, um poderoso contrapeso diante de todos os mandamentos do dever que a razão lhe apresenta como tão dignos de respeito. A razão impõe suas regras continuamente sem prometer nada às inclinações, inclusive com o menosprezo e o desdém por todas aquelas exigências tão arrojadas mas que parecem tão módicas (e que não se deixam anular por nenhum mandamento). Porém disso surge uma *dialética* natural, isto é, uma tendência a sofismar contra aquelas leis rigorosas do dever, e, quando possível, colocar em dúvida sua validade, pelo menos sua pureza e seu rigor, tornando-as mais adequadas aos nossos desejos e inclinações. Isso quer dizer, basicamente, danificá-las e destruir toda a sua dignidade, o que no final até mesmo a razão prática não pode aprovar.

Portanto, a *razão humana comum* é estimulada a sair desse círculo fechado e dar um passo adiante para entrar no campo de uma *filosofia prática*, não por uma necessidade qualquer de especulação (algo que essa razãonunca poderá ser tentada a fazer enquanto se sentir satisfeita em ser apenas uma simples razão saudável) mas por motivos práticos. Isso para obter informações e uma clara orientação sobre a fonte do seu princípio, e a correta determinação do mesmo em contraposição às máximas que se apoiam nas necessidades e inclinações, para que ela saia dos apuros causados pelas exigências de ambos os lados e não corra o risco de ser levada a aniquilar todos os autênticos princípios morais, em razão da ambiguidade em que incorre facilmente. Portanto, inclusive na razão prática comum, quando ela se acostuma, cultiva-se inadvertidamente uma *dialética* que, como acontece em seu uso teórico, obriga-a a buscar ajuda na filosofia; então, tampouco a primeira quanto a segunda encontrarão tranquilidade em outro lugar a não ser numa crítica completa da nossa razão.

# Segunda Seção

## TRANSIÇÃO DA FILOSOFIA MORAL POPULAR PARA A METAFÍSICA DOS COSTUMES

Se até agora extraímos nosso conceito de dever do uso comum da nossa razão prática, não devemos, de modo algum, concluir que o tratamos como um conceito da experiência. Na verdade, quando prestamos atenção à experiência das pessoas em agir e omitir-se, encontramos queixas diversas e, como devemos admitir, também justas, de que não se consegue apresentar nenhum exemplo preciso dessa disposição de agir por puro dever; é que em algo realizado conforme o *mandamento do dever*, sempre permanece a dúvida se de fato foi realizado por dever e, portanto, possui valor moral. Por isso, em todos os tempos existiram filósofos que simplesmente negaram a existência dessa disposição nas ações humanas, e atribuíram tudo a um amor próprio mais ou menos refinado; mas nem por isso colocaram em dúvida a exatidão do conceito de moralidade. Na verdade, eles lamentavam efusivamente a fragilidade e a inconstância da natureza humana, afirmando que ela era suficientemente nobre para assumir como regra uma ideia tão respeitável, mas ao mesmo tempo fraca demais para obedecê-la, e usava a razão, que devia servir-lhe como legisladora, apenas no interesse das suas inclinações, satisfazendo-as individualmente, ou, no máximo, procurando estabelecer uma maior compatibilidade entre elas.

Na prática é simplesmente impossível determinar pela experiência, e com total certeza, um único caso em que a máxima de uma ação, geralmente em conformidade com o dever, tenha-se baseado simplesmente em motivos morais e na ideia do dever. Acontece que, até no mais apurado exame de consciência, não encontramos nada fora do fundamento moral do dever que possa ser forte o bastante para nos induzir a essa ou aquela boa ação e a um grande autossacrifício; mas, a partir disso, não se pode concluir com certeza que efetivamente a verdadeira causa determinante da vontade não foi algum impulso secreto do amor próprio, usando o pretexto daquela ideia. Gostamos muito de nos adular com uma motivação nobre, que nos atribuímos falsamente; porém na prática, nem mesmo com um exame mais rigoroso conseguimos descobrir totalmente os estímulos mais secretos das nossas ações, pois quando se fala de valores morais, não são consideradas importantes as ações visíveis, mas apenas aqueles seus princípios internos que não são visíveis.

Àqueles que riem de toda moralidade, considerando-a mera fantasia, fruto da presunçosa imaginação humana que excede a si mesma, podemos prestar o mais desejável de todos os serviços ao admitir que os conceitos do dever (gostamos de nos convencer, por comodidade, que isso também ocorre com todos os outros conceitos) deveriam simplesmente ser derivados da experiência, pois assim lhes proporcionamos a certeza de um triunfo. Por amor ao ser humano, quero admitir que a maioria das suas ações estão em conformidade com o dever; porém quando observamos essas ações mais de perto, descobrimos que o nosso amado eu sempre se sobressai, e é nele que se baseia o seu propósito, e não no rigoroso mandamento do dever, que muitas vezes exigiria a nossa própria abnegação. Não se precisa ser inimigo da virtude, mas apenas um observador frio, que não considera a mais forte aspiração ao bem como sua realidade imediata (principalmente alguém que, com o passar dos anos, tem seu julgamento aguçado pela observação, e também aperfeiçoado pela experiência), para, em certos momentos, duvidar se no mundo ainda podemos encontrar a verdadeira virtude. E neste caso, para evitar que realizemos um total descarte das nossas ideias de dever, e preservarmos na alma o fundamentado respeito pela sua lei, devemos ter a convicção clara de que, mesmo que nunca houvessem existido ações derivadas dessas fontes puras, não se trata, de jeito nenhum, de perguntar se ocorre isso ou aquilo, mas de saber que, independente de todas as manifestações, a própria razão determina o que deve ocorrer. Inclusive são ações das quais o mundo até agora não nos ofereceu nenhum exemplo, e em cuja possibilidade até mesmo aquele que fundamenta tudo na experiência pode duvidar, mas que indubitavelmente são ditadas pela razão. Por exemplo, a lealdade na amizade não pode ser menos exigida das pessoas só porque até aquele momento não existiu nenhum amigo leal, pois esse dever, como dever universal, antecede qualquer experiência, e se apoia na ideia de uma razão que determina a vontade por motivos a priori.

Acrescentemos a isso que, mesmo se quisermos contestar toda a veracidade do conceito de moral e a sua referência a algum possível objeto, não podemos negar que a sua lei possui um significado tão amplo que deve ser válida não apenas para os seres humanos, mas também para todos os seres racionais em geral, e não apenas em condições casuais e excepcionais, mas de modo absolutamente necessário em todas as condições.. Nisso fica claro que nenhuma experiência pode dar ensejo a concluirmos sobre a possibilidade dessas leis apodícticas. Pois, com que direito podemos considerar como uma regra universal a ser irrestritamente respeitada por toda a natureza racional, o que talvez seja válido apenas em condições humanas casuais, e considerar as leis da determinação de nossa vontade, como leis da determinação da vontade dos seres racionais em geral, e assim também válidas para nós, se fossem meramente empíricas e não derivadas totalmente a priori da razão pura, porém prática?

O pior que se pode fazer à moralidade é a extrairmos de exemplos. Pois cada exemplo que é apresentado deve ser julgado de antemão, de acordo com os princípios da moralidade, para se saber se é digno de servir como exemplo original, isto é, como um modelo; porém de modo algum ele poderá ditar o conceito de moralidade. Até mesmo o santo dos evangelhos deve ser comparado, de antemão, ao nosso ideal de perfeição moral, antes de ter reconhecida sua santidade. Inclusive ele diz de si mesmo: "O que vocês chamam de bom em mim (naquele que estão vendo)? Ninguém é bom (o protótipo do bem) a não ser o Deus uno (que vocês não veem)". Mas de onde extraímos o conceito de Deus como sendo o bem supremo? Simplesmente da ideia de perfeição moral que a razão cria, a priori, e vincula indissoluvelmente ao conceito de uma vontade livre. Na moral não ocorre a imitação, e os exemplos servem apenas como estímulo, isto é, não nos deixam duvidar da possibilidade do efetivo cumprimento da lei, e tornam explícito o que a regra prática expressa de um modo mais geral; mas isso nunca pode justificar que se deixe de lado o verdadeiro original, situado na razão, e se use os exemplos como orientadores.

Se não existe nenhum autêntico princípio supremo da moral que, independente de toda experiência, não precisasse apoiar-se apenas na razão pura, acredito que nem seria necessário perguntar se seria bom apresentar esses conceitos no geral (in abstracto), do modo como foram estabelecidos a priori, junto com seus respectivos princípios, na medida em que seu conhecimento deve se distinguir do comum e denominar-se *filosófico*. Mas em nossos tempos isso deveria ser necessário. Pois se quisermos reunir opiniões para saber se devemos dar uma importância maior ao conhecimento racional puro separado de tudo o que é empírico, ou seja, à metafísica dos costumes, do que à filosofia popular prática, logo perceberemos para que lado a balança penderá.

Essa descida aos conceitos populares é certamente bastante louvável, quando a elevação aos princípios da razão pura já ocorreu anteriormente e foi plena e satisfatoriamente alcançada, o que significa *fundamentar* a teoria dos costumes primeiro na metafísica e depois, quando ela estiver estabelecida, torná-la acessível por meio da popularidade. Porém é extremamente disparatado querer aceitá-la já na primeira averiguação relativa à exatidão dos seus princípios. Não só porque esse procedimento nunca poderá ter alguma pretensão ao mérito, extremamente raro, de uma verdadeira *popularidade filosófica*, na medida em que a conquista de uma compreensão popular não é nenhuma façanha quando se abre mão de toda pesquisa mais profunda. Assim, revela-se uma asquerosa mistura de observações remendadas, princípios inventados e sofismas, com os quais se deleitam as cabeças mais ocas, porque tudo isso é de fato bastante útil para a tagarelice cotidiana, em que, no entanto, os mais ajuizados percebem uma grande confusão, e, insatisfeitos, sem conseguirem se defender, simplesmente desviam o olhar. Apesar disso os filósofos que enxergam através desse véu ilusório encontram poucos ouvintes, quando, por algum tempo, eles conseguem afastar as pessoas da mencionada popularidade, para se permitirem, com toda justiça, serem populares só depois de conseguirem formar um juízo mais exato sobre a questão.

Podemos ver uma surpreendente mistura nessas tentativas de determinação da moralidade, conforme essas preferências, onde por um lado encontraremos a determinação especial da natureza humana (inclusive a ideia de uma natureza racional geral) e por outro a perfeição, ou a felicidade; por um lado o sentimento moral, por outro o temor a Deus; um pouco disso, um pouco daquilo, sem nos lembrarmos de perguntar se devemos de fato procurar os princípios da moralidade apenas no conhecimento da natureza humana (conhecimento que só podemos adquirir a partir da experiência). E quando não é isso que ocorre, e esses princípios da moralidade não são encontrados em nenhum outro lugar, mas apenas nos conceitos racionais puros e totalmente a priori, livres de tudo o que é empírico, e não se fizer a total separação dessa averiguação como uma pura sabedoria prática universal, ou seja (se pudermos mencionar uma palavra de má fama) como uma metafísica[1] dos costumes, levando-a à sua total perfeição, então faremos promessas vãs ao público que exige a popularidade, e que terá de aguardar até o desfecho desse empreendimento.

Mas essa metafísica dos costumes totalmente isolada, não misturada a nenhuma antropologia, nenhuma teologia, nenhuma física ou hiperfísica, menos ainda a qualidades ocultas (que poderíamos chamar de hipofísicas) constitui-se num substrato indispensável de todo conhecimento teórico e determinado dos deveres, e ao mesmo tempo um desiderato de suprema importância para a efetiva implementação de suas regras. Pois a ideia pura do dever, e

---

[1] Se quisermos, podemos diferenciar (assim como a matemática pura se diferencia da aplicada, e a lógica pura da aplicada) a filosofia pura dos costumes (metafísica) da aplicada (à natureza humana). Por meio dessa designação também somos lembrados de que os princípios dos costumes não se baseiam nas peculiaridades da natureza humana, mas precisam existir por si mesmos, a priori, e que deles devemos derivar as regras práticas para qualquer natureza racional, e portanto também para a natureza humana. (N. A.)

em geral da lei moral, não misturada a nenhum elemento estranho proveniente de estímulos empíricos, exerce sobre o coração humano, apenas pelo caminho da razão (que assim toma conhecimento de que por si mesma também pode ser prática), uma influência bem mais poderosa do que a de todos os outros estímulos[2] enviados do campo empírico, e que, com a consciência de sua dignidade, ela desdenha e aos poucos pode ir dominando. Em vez disso, uma doutrina dos costumes misturada, composta de estímulos de sentimentos e inclinações e ao mesmo tempo de conceitos racionais, induz a uma hesitação dos afetos diante de motivações que não se submetem a nenhum princípio, e apenas casualmente podem conduzir ao bem, porém com mais frequência conduzem ao mal.

Do que apresentamos acima fica claro que todos os conceitos morais têm sua origem e sua base totalmente a priori na razão, tanto na razão humana mais comum como também, em maior medida, na razão especulativa; que eles não podem ser extraídos de nenhum conhecimento empírico e portanto apenas casual; que é nessa pureza de sua origem que se situa sua dignidade, para nos servir como os princípios práticos mais elevados; que todas as vezes em que lhes acrescentamos algo empírico, também lhes retiramos suas influências autênticas e o valor irrestrito das ações; que não só torna-se necessário um intuito teórico, quando se trata apenas

---

[2] Possuo uma carta do notável senhor Sulzer, já falecido, em que ele me pergunta por que as teorias sobre a virtude, apesar de tantas coisas convincentes a favor da razão, são tão pouco eficazes. Minha resposta foi postergada porque eu quis prepará-la adequadamente, para apresentá-la num formato completo. Ela não diz outra coisa a não ser que os próprios formuladores da teoria da virtude não depuraram seus conceitos, e na medida em que quiseram aprimorá-la, buscando em todos os lugares as causas determinantes do bem moral, para intensificar o efeito do remédio, eles a estragaram. Pois a observação mais comum nos mostra que, quando se imagina uma ação honesta realizada com a alma firme, sem nenhuma intenção de se obter uma vantagem, neste ou em outro mundo, mesmo sob as maiores provações ou tentações, ela deixa bem para trás e obscurece toda ação semelhante apenas minimamente afetada por um estímulo estranho, eleva a alma e desperta o desejo das pessoas de também agirem desse modo. Até crianças já mais crescidas têm essa impressão, e nunca deveríamos apresentar-lhes os deveres de outra maneira. (N. A.)

de especulação, mas também que é da maior importância prática extrair seus conceitos e leis da razão pura, apresentá-los puros, não misturados, e determinar a abrangência de todo esse conhecimento racional prático, ou puro, isto é, todos os recursos da pura razão prática. Porém deve-se fazer isso sem tornar os princípios dependentes da natureza específica da razão humana, como admite a filosofia especulativa, ou como ela até considera necessário, pois as leis morais devem valer para todos os seres racionais em geral e deduzidas dos conceitos gerais de um ser racional. Desse modo, toda moral, que precisa da antropologia para sua *aplicação* nos seres humanos, deve ser apresentada integralmente primeiro como independente dela, como uma filosofia pura, isto é, uma metafísica (o que se pode fazer muito bem com esse tipo de conhecimento totalmente abstrato), mas com a consciência de que, sem se estar de posse da metafísica, é inútil determinar-se exatamente, para o juízo especulativo, em tudo o que é conforme o dever, o que é de fato moral no dever. No uso meramente comum e prático, principalmente no ensino da moral, também é impossível fundamentar-se os costumes nos seus princípios autênticos e com isso produzir mentalidades morais puras, implantando-as nas almas em prol do mais supremo bem universal.

Mas para avançarmos nessa elaboração, não apenas pelas etapas naturais da passagem do juízo moral comum (que no caso é bastante digno de atenção) para o filosófico, como já foi feito, mas de uma filosofia popular — que não vai além do que consegue chegar tateando através dos exemplos — até a metafísica (que não se deixa deter por nada que seja empírico, e, como precisa medir todo o conteúdo desse tipo de conhecimento racional, em todo caso alcança as ideias, onde até mesmo os exemplos nos abandonam) precisamos acompanhar e descrever claramente a faculdade prática da razão, desde as suas regras gerais de determinação, até onde dela se origina o conceito do dever.

Todas as coisas da natureza atuam de acordo com leis. Só um ser racional tem a capacidade de agir de acordo com uma *ideia* de leis, isto é, de princípios, ou de acordo com uma *vontade*. Como precisamos de uma *razão* para derivarmos as ações das leis, a vontade nada é além da razão prática. Se a razão determina a vontade, infalivelmente as ações desse ser, reconhecidas como objetivamente necessárias, também o são subjetivamente, isto é, a vontade é um recurso para se escolher *apenas aquilo* que a razão, independente da inclinação, reconhece como praticamente necessário, ou seja, como algo bom. Mas se a razão *em si* não determina a vontade suficientemente, se esta ainda permanece submetida a condições subjetivas (certos estímulos) que nem sempre estão de acordo com as objetivas, em uma palavra, se a vontade não está totalmente de acordo com a razão (como ocorre de fato, nos seres humanos), então, mesmo reconhecidas como objetivamente necessárias, as ações são subjetivamente condicionadas, e a determinação dessa vontade conforme as leis objetivas é a *obrigação*.[3] Isso quer dizer que a relação das leis objetivas com uma vontade não tão plenamente boa apresenta-se como a determinação da vontade de um ser racional, que pode ser por meio dos fundamentos da razão, mas aos quais essa vontade, de acordo com a sua natureza, não é necessariamente obediente.

A ideia de um princípio objetivo, na medida em que é obrigatório para uma vontade, chama-se mandamento (da razão) e a fórmula do mandamento chama-se *imperativo*.

Todos os imperativos são expressos como *dever*,[4] e com isso mostram a relação de uma lei objetiva da razão com uma vontade que, segundo sua constituição subjetiva, não é necessariamente determinada por isso (uma obrigação). Esses imperativos dizem quando é bom fazer ou deixar de fazer alguma coisa, mas dizem-no a uma vontade que nem sempre faz alguma coisa só porque lhe é mostrado que seria bom fazê-lo. Mas é *bom*, praticamente, o que determina a vontade por meio das ideias da razão, não a partir de causas subjetivas, porém objetivas, isto é, princípios válidos para todos os seres racionais. Portanto, ele se distingue do que é agradável na medida em que este último exerce uma influência sobre a vontade só por meio da sensação, a partir de causas meramente subjetivas,

---

[3] Em alemão, no original, *Nötigung*. (N.T.)
[4] No caso trata-se do verbo "dever", ou "ser obrigado a" ou "ter que", e que no original em alemão é o verbo *sollen*. (N.T.)

válidas apenas para a sensibilidade de uma pessoa específica, e não como um princípio da razão válido para todas as pessoas.[5]

Portanto, uma vontade plenamente boa estaria submetida a leis objetivas (do bem), mas não poderia apresentar-se como *obrigada* a ações conformes à lei, porque, de acordo com a sua constituição subjetiva, ela só pode ser determinada pela ideia do bem. Por isso, nenhum dos imperativos é válido para a vontade *divina* e, no geral, para uma vontade *santa*; no caso, o *dever* está no lugar errado, porque o *querer* já está, por si só, necessariamente em consonância com a lei. Portanto os imperativos são apenas fórmulas para se expressar a relação das leis objetivas da vontade em geral com a imperfeição subjetiva da vontade deste ou daquele ser racional — por exemplo, da vontade humana.

Então, todos os *imperativos* ordenam *hipotética* ou *categoricamente*. Os primeiros representam a necessidade prática de uma possível ação como um meio para se alcançar alguma outra coisa que se queira (ou que seja possível que se queira). O imperativo categórico seria aquele que apresenta uma ação como objetivamente necessária para si mesma, sem relação com nenhum outro propósito.

Como toda lei prática apresenta uma possível ação como boa, e por isso necessária para um sujeito praticamente determinável pela

---

[5] Inclinação é a dependência da capacidade de desejar relativamente às sensações, e portanto, a todo instante, a inclinação revela uma *necessidade*. No entanto, a dependência de uma vontade casualmente determinável em relação aos princípios da razão chama-se *interesse*. Entretanto este último só ocorre numa vontade dependente, que nem sempre está de acordo com a razão, o tempo todo e por si mesma; não podemos imaginar que exista um interesse na vontade divina. Mas a vontade humana também pode ter *um interesse* por alguma coisa, sem que por isso esteja *agindo por interesse*. O primeiro representa o *interesse prático* na ação, o segundo o *interesse patológico* no objeto da ação. O primeiro mostra apenas a dependência da vontade em relação aos princípios da razão em si, o segundo a dependência dos princípios da razão em proveito da inclinação, pois, na verdade, a razão apenas fornece a regra prática para auxiliar a necessidade da inclinação. No primeiro caso é a ação que me interessa; no segundo, é o objeto da ação (na medida em que for agradável para mim). No primeiro parágrafo vimos que, numa ação por dever não se precisa ter em vista o interesse pelo objeto, mas apenas pela ação em si e seu princípio na razão (a lei). (N. A.)

razão, todos os imperativos são fórmulas de determinação da ação necessária segundo o princípio de uma vontade que é boa, de qualquer maneira. Se a ação é boa apenas como um meio para *alguma outra coisa*, então o imperativo é *hipotético*; mas se ela é apresentada como *boa em si*, necessária numa vontade conforme a razão e como o princípio dessa vontade, então o imperativo é *categórico*.

Portanto, o imperativo diz qual possível ação realizada por mim seria boa, e apresenta a regra prática em relação a uma vontade, que não realiza imediatamente uma ação só porque é boa, em parte porque o sujeito nem sempre sabe se ela é boa, e em parte porque, mesmo se o soubesse, as máximas desse sujeito poderiam ser contrárias aos princípios objetivos de uma razão prática.

O imperativo hipotético diz apenas que a ação é boa para algum propósito *possível* ou *real*. No primeiro caso ele é um princípio prático *problemático*, e no segundo *assertórico*-prático.[6] O imperativo categórico, que declara como objetivamente necessária a ação em si, sem nenhuma relação com qualquer propósito, e também sem nenhuma outra finalidade, é considerado um princípio *apodítico-prático*.[7]

O que é possível apenas por meio das forças de qualquer ser racional, pode ser pensado também como um propósito possível para qualquer vontade, e por isso, na prática, para os princípios da ação os meios são infinitamente numerosos, na medida em que a ação é apresentada como necessária para se alcançar qualquer propósito possível. Todas as ciências possuem alguma parte prática constituída de questões que podem ter uma finalidade possível para nós, e também de imperativos que nos dizem como essa finalidade pode ser alcançada. Por isso eles podem ser chamados de imperativos da *habilidade*. Não se trata de saber se a finalidade é boa e racional, mas apenas o que se deve fazer para alcançá-la. As regras para o médico curar seu paciente com muito cuidado, e para um envenenador matá-lo com segurança, têm o mesmo valor, na medida em que ambas servem para alcançar esses objetivos com

---

[6] Ou "assertivo", em que há asserto; "afirmativo". (N.T.)
[7] "Evidente"; "convincente". (N. T)

precisão. Geralmente os jovens ainda não sabem quais os objetivos que terão de perseguir na vida adulta, então os pais procuram deixar que os filhos *aprendam muitas coisas*, e cuidam para que eles adquiram as *habilidades* necessárias à utilização dos meios para alcançarem *todo tipo* de objetivo. Mas esses pais não conseguem determinar se no futuro alguns desses objetivos poderão se constituir em objetivos reais do filho, entretanto é possível que de fato isso aconteça um dia. Esse cuidado é tão grande, que geralmente esses pais esquecem de orientar e de corrigir os filhos a respeito do juízo que devem formar sobre o valor das coisas que talvez pretendam escolher como objetivos.

No entanto, há *um* objetivo que podemos pressupor como real para todos os seres racionais (como seres dependentes que são, na medida em que lhe cabem imperativos) e há também um objetivo que não apenas *podem ter*, mas do qual se pode pressupor, com toda certeza, que de fato eles *têm*, em função de uma necessidade natural; esse objetivo é a *felicidade*. O imperativo hipotético que apresenta a necessidade prática da ação como meio de promoção da felicidade é *assertórico*. Só não podemos apresentá-lo como obrigatório para um objetivo incerto e apenas possível, mas só para um objetivo que podemos pressupor como certo e a priori para todas as pessoas, porque pertence à sua essência. Então, no mais estrito sentido da palavra, podemos chamar de *sagacidade*[8] a habilidade na escolha dos meios para a obtenção do maior bem-estar próprio. Assim, o imperativo relativo à escolha dos meios para se chegar à própria felicidade, isto é, a regra da sagacidade, continua sendo *hipotético*; a ação não é simplesmente ordenada, mas funciona apenas como um meio para se alcançar outro objetivo.

---

[8] A palavra "sagacidade" (*Klugheit*) é entendida num duplo sentido; em um deles pode ter o significado de sagacidade em relação ao mundo, e no outro de sagacidade privada. A primeira é a habilidade de exercer uma influência sobre os outros, a fim de usá-los para seus próprios propósitos. A segunda é a ideia de reunir todos esses propósitos em prol de uma vantagem própria, mais duradoura. Na verdade, para esta última é revertido o valor da primeira, e poderíamos dizer, de quem possui a sagacidade do primeiro tipo, mas não a do segundo, que ele é esperto e astucioso, mesmo assim, no geral, ele não é sagaz. (N. A.)

Finalmente existe um imperativo que, sem estabelecer como base a condição de se alcançar algum outro objetivo por meio de um certo comportamento, impõe esse comportamento imediatamente. Esse imperativo é *categórico*. Ele não leva em conta a matéria da ação e o que deve resultar dela, mas a forma e o princípio de que ela mesma resulta; o essencialmente bom nessa ação consiste na atitude em relação a ela, independentemente do resultado. Esse imperativo pode ser chamado de imperativo *da moralidade*.

De acordo com esses três princípios, o querer também se distingue claramente pela *diferença* da obrigação imposta à vontade. Para deixar essa diferença mais evidente, acredito que poderíamos chamar esses princípios mais adequadamente, na sua ordem, como *regras* da habilidade, ou *recomendações* da sagacidade, ou ainda *mandamentos* (*leis*) da moralidade. Pois apenas a *lei* traz consigo o conceito da *necessidade incondicional*, porém mesmo assim objetiva e de validade universal, e os mandamentos são leis que devem ser obedecidas, inclusive contra a inclinação. No entanto a *recomendação* contém necessidade, mas ela só pode valer sob uma condição casual subjetiva, no caso, se esta ou aquela pessoa, isto ou aquilo contam para sua felicidade. Em contrapartida, o imperativo categórico não é restringido por nenhuma condição e, se bem que necessário-prático, pode ser de fato chamado de absoluto, ou seja, um mandamento. Poderíamos chamar os primeiros imperativos de técnicos (pertencentes à arte); os segundos, de *pragmáticos*[9] (para o bem-estar); e os terceiros, de *morais* (para a conduta livre em geral, isto é, pertencentes aos costumes).

Então surge a pergunta: como todos esses imperativos são possíveis? Para respondermos a ela não precisamos saber como poderia ser

---

[9] Parece-me que o verdadeiro significado da palavra *pragmático* poderia ser mais precisamente definido como segue. Pragmáticas são chamadas as *sanções* que, na verdade, não decorrem dos direitos dos Estados, como leis necessárias, mas da *previdência*, para o bem-estar geral. Uma *história* é redigida pragmaticamente quando torna os leitores *sagazes*, isto é, ensina ao mundo como garantir sua vantagem de uma forma melhor, ou pelo menos tão bem quanto o fizeram seus antepassados. (N. A.)

pensada a realização da ação ordenada pelo imperativo, mas apenas como seria a obrigação da vontade que o imperativo expressa na tarefa. Não é necessária nenhuma explicação especial para se saber como um imperativo da habilidade seria possível. Quem quer alcançar um objetivo, também quer (na medida em que a razão tem uma influência decisiva em suas ações) o meio necessário indispensável para isso, que está em seu poder. No que se refere ao "querer", essa proposição é analítica, pois ao querer um objeto, como resultado, a minha causalidade é pensada como uma causa ativa, isto é, os meios e o imperativo utilizados já extraem, do conceito de uma vontade, o conceito das ações necessárias para essa finalidade (para determinar os meios em si, que levam a um propósito previamente estabelecido, são necessárias proposições sintéticas, que não consideram o motivo para o ato da vontade, mas que apenas visam tornar o objeto real).

Para dividir uma linha em duas partes iguais, segundo um princípio seguro, terei de traçar duas linhas curvas que partem das extremidades dessa linha. Para fazer isso, posso me valer dos ensinamentos da matemática, mas só por meio de proposições sintéticas; mas se eu souber que apenas por meio dessa ação poderá ocorrer o efeito pensado, e que, se eu quiser obter o efeito completo, também devo querer a ação necessária, então a proposição é analítica; pois algo como um efeito de certo modo possível para mim, e imaginar-me agindo assim também em relação a esse efeito, são a mesma coisa.

Os imperativos da sagacidade seriam totalmente coincidentes com os da habilidade, e também analíticos, se fosse fácil apresentarmos um determinado conceito de felicidade. Pois tanto aqui quanto ali poderíamos dizer que: quem quer o objetivo, também quer (necessariamente de acordo com a razão) os únicos meios que estão em seu poder para isso. É uma infelicidade que o conceito de felicidade seja tão indeterminado que a pessoa, apesar de querer alcançar essa felicidade, nunca poderá dizer com certeza e em consonância consigo mesma, o que na verdade deseja e quer. A causa disso é que os elementos pertencentes ao conceito de felicidade são todos empíricos, isto é, devem ser derivados da experiência, mesmo que para a ideia de felicidade seja necessário um todo absoluto, um máximo de bem-estar na vida presente e futura de alguém. Mas é impossível que o ser mais inteligente e ao mesmo tempo o mais poderoso, porém finito, consiga formular um conceito determinado daquilo que quer, de verdade. Se quiser riqueza, quanta preocupação, inveja e armadilhas poderá atrair para si! Se quiser muito conhecimento e sabedoria, talvez isso possa lhe proporcionar um olhar mais aguçado para conseguir enxergar os males que ainda lhe estão ocultos, e não podem ser evitados, e que vão lhe parecer muito mais terríveis, ou então vão impor mais necessidades aos seus desejos, que atualmente já lhe dão bastante trabalho. Se quiser uma vida longa, quem poderá lhe dizer que não será um longo sofrimento? Se quiser uma boa saúde, quantas vezes a fraqueza de seu corpo impediu-o de cometer excessos que uma saúde ilimitada o faria cometer! etc, etc. Em suma, ele não é capaz de determinar, com total certeza e de acordo com qualquer princípio, o que de fato poderá fazê-lo feliz, porque para isso ele teria de ser necessariamente onisciente. Assim, para sermos felizes, não podemos agir de acordo com determinados princípios, mas apenas de acordo com recomendações empíricas, por exemplo, recomendações de dieta, de parcimônia, de cortesia, de discrição etc., das quais a experiência nos ensina que, em média, são as que mais promovem o nosso bem-estar. Disso resulta que os imperativos da sagacidade, falando com precisão, não podem dar ordens, isto é, apresentar as ações objetivamente como praticamente *necessárias*; por isso devem ser muito mais consideradas como aconselhamentos (*consilia*) do que como mandamentos (*praecepta*) da razão. E também que é totalmente impraticável a tarefa de determinar com segurança e em geral, qual a ação que deve ser realizada por um ser racional para promover a sua felicidade, pois não é possível haver um imperativo que, num entendimento mais rigoroso, mande dizer o que torna a pessoa feliz. Isso porque a felicidade não é um ideal da razão, mas da força da imaginação, que só se fundamenta em princípios empíricos, dos quais se espera, em vão, que determinem uma ação pela qual seja alcançada a totalidade de uma série de efeitos, praticamente infinita. Enquanto isso, se admitirmos que os meios para a felicidade podem ser determinados com certeza absoluta, esse imperativo da sagacidade seria uma proposição analítico-prática; pois ele é diferente do imperativo da habilidade apenas porque neste último o objetivo é apenas possível, e no primeiro ele é determinado. Mas como ambos apenas ordenam os meios para se alcançar aquilo que se pressupõe querer, como objetivo, o imperativo que ordena querer o meio para quem quer o objetivo é analítico, nos dois casos. Portanto, também não há dificuldade em relação à possibilidade de um imperativo como esse.

Por outro lado, sem dúvida, a única pergunta que necessita de resposta é de como o imperativo da *moralidade* poderia ser possível, pois ele não é hipotético, e portanto, a necessidade apresentada como objetiva não pode se apoiar em nenhum pressuposto, como no caso dos imperativos hipotéticos. Mas não se pode deixar de mencionar que não é possível, *por meio de exemplo algum*, nem mesmo empírico, provar-se a existência, em todos os lugares, de tal imperativo, mas apenas atentar-se para o fato de que todos os imperativos que podem parecer categóricos também podem, de uma forma velada, ser hipotéticos. Por exemplo, quando dizemos: "Não deves fazer falsas promessas", supomos que a necessidade de fazermos essa recomendação não apenas visa evitar algum mal, mas também significaria algo como: "Não deves fazer falsas promessas, para que não percas o crédito caso a verdade venha a ser revelada". Na verdade estamos supondo que uma ação desse tipo deveria ser encarada como má em si mesma, e que portanto, o imperativo da proibição é categórico. Assim, não podemos afirmar,em nenhum exemplo, que a vontade é determinada apenas pela lei, sem nenhum outro estímulo, apesar de assim parecer. É sempre possível que um temor da vergonha, talvez também uma obscura preocupação com outros perigos, possam ter tido uma influência sobre a vontade. Quem poderá provar, pela experiência, a não existência de uma causa, quando essa experiência nada nos ensina a não ser que nem percebemos a existência dessa causa? Neste caso o assim chamado imperativo moral, que aparece como categórico e incondicional, na prática seria apenas uma regra pragmática que nos chama a atenção para a nossa vantagem e que só nos ensina a considerá-la.

Portanto, teremos de examinar totalmente a priori a possibilidade de um imperativo categórico, pois não temos a vantagem de constatarmos a sua existência real na experiência, inclusive para que não seja necessária a sua possível determinação, mas apenas o seu esclarecimento. Então, por enquanto, devemos reconhecer que só o imperativo categórico possui o teor de uma *lei* prática, e que todos os outros juntos poderiam ser chamados de *princípios* da vontade, mas não de *leis*; isso porque apenas o que é necessário se fazer para se alcançar um objetivo qualquer pode ser considerado contingente, e a qualquer momento podemos ficar livres da prescrição quando renunciamos ao objetivo, enquanto, por outro lado, o mandamento incondicional não permite que a vontade atue aleatoriamente, até no sentido contrário, e por isso, só ele traz consigo aquela obrigatoriedade que exigimos para a lei.

Em segundo lugar, é muito grande a dificuldade (de reconhecer a sua possibilidade) ligada a esse imperativo categórico ou lei moral. Ele é uma proposição sintético-prática[10] a priori, e como a possibilidade de se reconhecer as proposições desse tipo apresenta tanta dificuldade ao conhecimento teórico, facilmente pode-se concluir que essa dificuldade não será menor no campo prático.

Nessa tarefa, queremos primeiro tentar saber se o simples conceito de imperativo categórico talvez também não possa nos oferecer a fórmula que contenha a proposição que, por si só, já possa ser um imperativo categórico. É que ainda serão necessários muitos esforços adicionais para sabermos como esse mandamento absoluto será possível, quando já sabemos qual é o seu teor; porém deixaremos esses esforços para a última seção deste texto.

Quando imagino um imperativo *hipotético*, não sei de antemão o que ele conterá, até me ser dada a condição. Mas quando imagino um imperativo *categórico*, imediatamente eu sei o que ele contém. Pois, como no conteúdo do imperativo deve haver, além da lei, a

---

[10] Sem uma condição prévia de qualquer inclinação, eu vinculo à vontade uma ação a priori, portanto necessária (apesar de apenas objetivamente, isto é, sob a ideia de uma razão que teria poder total sobre todos os estímulos subjetivos). Pois, este é um preceito prático, que não deriva analiticamente o "querer" de uma ação de outra já pressuposta (pois não temos uma vontade tão perfeita) mas vincula-o diretamente ao conceito da vontade de um ser racional, como algo não contido nela. (N. A.)

necessidade da máxima[11] ser conforme a lei, mas sem nenhuma condição que restringisse essa lei, nada resta além da universalidade de uma lei à qual a máxima da ação deve estar conforme, e cuja conformidade só o imperativo, na verdade, apresenta como necessária. Portanto, o imperativo categórico é único, e significa que só se deve agir segundo a máxima da qual se possa querer que se torne uma lei universal.

Se todos os imperativos do dever puderem derivar desse único imperativo, e também de seu princípio, se deixarmos de querer saber, de imediato, se aquilo a que chamamos de "dever" não é um conceito vazio, poderemos pelo menos indicar o que pensamos disso e o que esse conceito quer dizer.

Como a universalidade da lei pela qual se produzem os efeitos é importante para o que na verdade se chama *natureza*, num entendimento mais amplo (segundo a forma), ou seja, a existência real das coisas, na medida em que é determinada por leis universais, o imperativo universal do dever também poderia ter esse teor, ou seja: *aja como se a máxima de sua ação devesse tornar-se, pela sua vontade, uma lei universal da natureza.*

Então, vamos aqui enumerar alguns deveres, de acordo com a sua classificação usual como deveres para nós mesmos e para outras pessoas, ou seja, como deveres perfeitos e imperfeitos.[12]

---

[11] A *máxima* é o princípio subjetivo para a ação, e deve ser diferenciado do *princípio objetivo*, ou seja, a lei prática. A primeira contém a lei prática que determina a razão conforme as condições do sujeito (muitas vezes de ignorância ou também das inclinações do mesmo) e também é o princípio pelo qual o sujeito *age*; mas a lei é o princípio objetivo válido para todo ser racional, e o princípio pelo qual ele *deve agir*, isto é, um imperativo. (N. A.)

[12] Devo lembrar aqui que reservo a classificação dos deveres para uma futura *Metafísica dos costumes*, portanto, a presente classificação foi usada apenas para facilitar as coisas aqui (para ordenar meus exemplos). Além disso, considero um dever perfeito aquele que não admite nenhuma exceção em favor da inclinação, e com isso não tenho apenas deveres perfeitos externos, mas também *internos*, termos que contrariam aqueles adotados nas escolas, mas que não tenho a intenção de justificar aqui, pois, para o meu propósito, é indiferente se os aceitam ou não. (N. A.)

Devido a uma série de males, alguém deixou-se levar pela desesperança e sente um grande desgosto pela vida, mas continua de posse da razão, a ponto de se perguntar se, caso acabasse com a própria vida, não estaria fazendo algo contrário ao dever em relação a si mesmo. Então ele tenta saber se a máxima de sua ação poderia tornar-se uma lei universal da natureza. Porém a sua máxima é: "Por amor a mim mesmo, faço com que a abreviação da minha vida passe a ser um princípio, quando, a longo prazo, ela ameaça trazer-me mais males do que promessas de bem-estar". A questão é se esse princípio de amor próprio poderia tornar-se uma lei universal da natureza. No entanto, logo vemos que uma natureza com uma lei para a destruição da própria vida, e com o mesmo sentimento em que promove a vida, estaria contrariando a si mesma, e por isso não sobreviveria como natureza. Então seria impossível que a máxima mencionada acima existisse como lei universal da natureza e, consequentemente, seria totalmente contrária ao princípio supremo de todo dever.

Uma outra pessoa seria forçada, pela necessidade, a pedir dinheiro emprestado. Ela sabe que não poderá pagar, mas também percebe que nada lhe emprestarão caso não se comprometa, com firmeza, a pagar a dívida num prazo determinado. Ela tem a intenção de fazer a promessa, mas tem também consciência suficiente para se perguntar se resolver seu problema desse modo não seria proibido e contra o dever. Supondo que de fato ela decidisse fazer isso, então a máxima da sua ação teria o seguinte teor: "Quando eu estiver em dificuldades financeiras pedirei dinheiro emprestado e prometerei pagar, mesmo sabendo que jamais pagarei. Esse princípio do meu amor próprio ou da minha conveniência talvez possa garantir o meu bem-estar futuro, mas no momento eu me pergunto se será correto". Portanto, transformo em lei universal essa atribuição de um amor por mim, e formulo a pergunta do seguinte modo: como ficariam as coisas se a minha máxima se tornasse uma lei universal? Então logo percebo que essa máxima jamais poderia ter o valor de uma lei natural universal e harmonizar-se consigo mesma, pois necessariamente ela teria de se contradizer. A universalidade de uma lei em que cada um, ao acreditar estar em dificuldades, pudesse prometer o que quisesse, com a intenção de não cumprir a promessa, tornaria impossível a promessa em si e o objetivo a ser alcançado com ela, na medida em que ninguém acreditaria nela, apenas daria risada de toda essa conversa, considerando-a um fingimento fútil.

Uma terceira pessoa descobre dentro de si um talento que, caso fosse cultivado, poderia torná-la uma pessoa útil sob diversos aspectos. Mas como ela goza de uma situação confortável, prefere dedicar-se aos divertimentos, em vez de se esforçar para o desenvolvimento e o aprimoramento de suas afortunadas aptidões naturais. No entanto ela ainda se pergunta se a sua máxima de não cultivar seus dons naturais, além de estar de acordo com sua tendência à diversão, também estaria de acordo com o que chamamos de dever. Ela percebe que a natureza poderá subsistir de acordo com uma lei universal desse tipo, mesmo que o ser humano (como o habitante dos mares do sul) deixe seu talento enferrujar e pense em viver apenas no ócio, na diversão, na reprodução, em uma palavra, no desfrute dos prazeres da vida. Mas será impossível ela querer que isso se torne uma lei universal da natureza, ou que seja incorporado em nós, como tal, por meio de um instinto natural. Pois como ser racional, necessariamente essa pessoa quer que todas as suas aptidões sejam desenvolvidas, porque lhe foram presenteadas e servem para que ela alcance os mais diversos objetivos possíveis.

Uma quarta pessoa, numa boa condição financeira na vida, vê os outros lutando contra grandes adversidades e até poderia ajudá-los, mas pensa: "O que tenho a ver com isso? Quero que cada um seja tão feliz quanto o céu desejar, ou quanto ele mesmo consiga ser, não pretendo tirar nada dele e nem mesmo invejá-lo; só não tenho vontade de contribuir para o seu bem-estar ou dar-lhe algum apoio em sua aflição!". Se um pensamento desse tipo se tornasse uma lei natural universal, a espécie humana até poderia sobreviver, e sem dúvida melhor do que apenas tagarelando sobre a solidariedade e a benevolência; eventualmente ela até se empenharia em praticar essas coisas, mas em contrapartida também, sempre que pudesse, enganaria as pessoas, vendendo o direito delas ou prejudicando-as de algum outro modo. Porém, apesar de uma lei natural universal poder subsistir segundo essa máxima, é impossível *querer* que tal princípio tenha o valor de uma lei natural em todos os lugares. Uma vontade que decidisse isso estaria se contradizendo, pois poderiam surgir casos em que essa pessoa necessitasse do amor e da solidariedade dos outros, mas perderia toda esperança de obter esse apoio que deseja, em razão da mesma lei natural criada pela sua vontade. Esses são alguns dos muitos deveres concretos, ou assim considerados por nós, cuja derivação do princípio único apresentado acima aparece-nos claramente. Devemos querer que uma máxima de nossa ação torne-se uma lei universal — este é o verdadeiro cânone de sua avaliação moral. Algumas ações são constituídas de tal modo que sua máxima nem pode ser *pensada*, sem contradições, como uma lei natural universal, e menos ainda se poderia *querer* que isso deva ser assim. Essa impossibilidade interior não é encontrada em outras ações, mesmo assim é impossível querer que sua máxima seja elevada a uma lei natural universal, pois essa vontade estaria se contradizendo. Podemos ver facilmente que as ações do primeiro tipo apenas contradizem o dever mais rígido, ou estrito (indubitável), e as do segundo apenas o dever mais amplo (meritório), e assim, por meio desses exemplos, quanto ao tipo de obrigação (não ao objeto de sua ação), todos os deveres foram apresentados como dependentes desse único princípio.

Agora, se prestarmos atenção em nós mesmos, em cada infração que cometemos em relação a um dever, descobriremos que realmente não queremos que a nossa máxima se torne uma lei universal, pois isso é impossível para nós; porém de preferência o contrário deve manter-se universalmente uma lei, só que tomamos a liberdade de fazer dela uma *exceção*, para nós ou (só por essa vez) para o proveito da nossa inclinação. Por consequência, se ponderássemos tudo isso de um único e mesmo ponto de vista, ou seja, da razão, descobriríamos uma contradição em nossa vontade, isto é, de que um determinado princípio seria objetivamente necessário como lei universal, sem ter um valor universal subjetivamente, mas permitindo exceções. Como já consideramos nossa ação do ponto de vista de uma vontade totalmente conforme a razão, e depois também consideramos a mesma ação do ponto de vista de uma vontade influenciada pela inclinação, constatamos que de fato aqui não há nenhuma contradição, mas apenas uma resistência da inclinação às regras da razão (*antagonismus*), em que a universalidade do princípio (*universalitas*) é transformada numa simples validade geral (*generalitas*), e com isso o princípio prático da razão cruza-se com a máxima no meio do caminho. Mesmo que isso não possa ser justificado pelo nosso julgamento imparcial, prova, no entanto, que reconhecemos de fato a validade do imperativo categórico, e só nos permitimos (com todo o respeito pelo mesmo) algumas exceções, até a nosso contragosto e de pouco significado para nós.

Até agora ao menos demonstramos que, caso o dever seja um conceito que precisa ter um significado e conter a verdadeira legislação para nossas ações, essa legislação só poderia ser expressa em imperativos categóricos, e de modo algum em imperativos hipotéticos. Ao mesmo tempo, temos apresentado o conteúdo do imperativo categórico de forma clara e destinado a todo tipo de uso, um conteúdo que deveria ser constituído pelo princípio de todo dever (se ele de fato existisse.) Mas ainda não chegamos tão longe a ponto de provar, a priori, que existe de fato um imperativo como esse, que existe uma lei prática que ordene por si mesma, sem quaisquer estímulos, e que a obediência a essa lei seja um dever.

Com o propósito de chegarmos a isso, é de extrema importância fazermos uma advertência, no sentido de não permitirmos que nos venha à mente a ideia de derivarmos a realidade desse princípio da *característica específica da natureza humana*. O dever precisa ser uma necessidade prática incondicional da ação, e portanto, deve valer para todos os seres racionais (pois só para eles pode ser aplicado o imperativo) e, *apenas por isso*, também deve ser uma lei para toda vontade humana. Por outro lado, pode representar uma máxima para nós, mas nunca uma lei, tudo que é derivado de específicas faculdades naturais da humanidade, de determinados sentimentos e inclinação, ou até possivelmente de uma tendência especial, todos próprios da razão humana e não necessariamente válidos para a vontade de qualquer ser recional. Poderia também nos oferecer um princípio subjetivo pelo qual agimos levados pelas nossas inclinações e tendências, mas não um princípio objetivo pelo qual somos *levados* a agir, mesmo contrariando todas nossas inclinações, tendências e aptidões naturais; pois maiores serão a sublimidade e dignidade internas do mandamento do dever quanto mais reduzidas forem as causas subjetivas a seu favor e mais contrárias a ele, sem com isso enfraquecer minimamente a sua obrigatoriedade por meio da lei ou subtrair algo de sua validade.

Vemos aqui, na prática, a filosofia colocada numa situação difícil, pois ela deve ser firme, sem ligar-se a algo no céu ou na terra ou apoiar-se em alguma outra coisa. Ela deve provar sua pureza como guardiã de suas leis, e não como arauto daquelas que lhe insuflam um sentido inerente, ou quem sabe que tipo de natureza tutelar; juntas, por mais que sejam melhores que nada, estas últimas nunca poderão apresentar princípios ditados pela razão. Estes precisam ter sua fonte totalmente a priori, e com isso também o seu aspecto impositivo: nada a esperar das inclinações das pessoas, mas tudo do poder superior da lei e do respeito por ela, ou, caso contrário, a pessoa será condenada ao auto desprezo e à aversão interior.

Poranto, tudo o que é empírico não é totalmente inútil apenas como adição ao princípio da moralidade, mas extremamente desvantajoso para a pureza dos costumes em si, nos quais o valor de uma vontade absoluta, um valor superior, verdadeiro e acima de qualquer preço, consiste em libertar o princípio da ação de todas as influências de motivos casuais, que só a experiência pode dar. Nunca será demais sempre fazermos uma advertência contra essa negligência e até esse modo de pensar tão baixo, que busca o princípio sob estímulos e leis empíricas, na medida em que a razão humana, em seu cansaço, gosta de repousar nesse sofá. Sonhando com doces miragens (que a fazem abraçar uma nuvem em vez de Juno) ela troca a moralidade por um bastardo remendado, composto de diferentes partes de origens bem diversas, parecido com tudo o que queremos ver nele, só não com a virtude — isso para quem um dia a viu em sua verdadeira forma.[13]

Então a questão é a seguinte: será que avaliar constantemente as ações de acordo com as máximas que os seres racionais querem que

---

[13] Contemplar a virtude em sua verdadeira forma nada é além da apresentação da moralidade despida de toda mistura do que é sensorial, e também de todo falso ornamento da recompensa, ou do amor próprio. Cada um pode perceber facilmente o quanto ela obscurece todo o resto — que às inclinações parece tão encantador — por meio de um mínimo esforço de sua razão, ainda não totalmente incapacitada para as abstrações. (N. A.)

sirvam como leis universais, é uma lei necessária *para todos eles*? Se for assim, então isso já precisa (totalmente a priori) estar ligado ao conceito da vontade de um ser racional. Mas para descobrirmos essa vinculação, por mais que resistamos, devemos dar um passo em direção à metafísica, porém a um campo da mesma que seja diferente do campo da filosofia especulativa, isto é, à metafísica dos costumes. Numa filosofia prática, em que não é nossa tarefa pressupor os motivos pelos quais algo *acontece*, mas as leis do que *deve acontecer*, mesmo que isso nunca aconteça, isto é, leis objetivas, práticas, não temos necessidade de examinar os motivos pelos quais algo nos agrada ou desagrada, nem se o prazer da simples sensação é diferente do gosto, e este diferente de um gosto universal da razão; e também não tentar saber onde se situa a base da sensação de prazer e de aversão, e como surgem disso os desejos e as inclinações, e deles as máximas, sempre com a contribuição da razão. Isso tudo faz parte de um estudo empírico da alma, que constituiria a segunda parte da ciência da natureza, se a considerássemos uma *filosofia da natureza*, caso fosse baseada em *leis empíricas*. Mas aqui se tratam de leis objetivo-práticas, portanto da relação de uma vontade consigo mesma, na medida em que ela é apenas determinada pela razão; tudo o que tem relação com o empírico já é eliminado por si só, porque quando *a razão por si mesma* determina a conduta (cuja possibilidade pretendemos examinar em seguida) ela precisa necessariamente fazer isso a priori.

A vontade é pensada como um recurso para determinar a si mesma à ação, em *conformidade com a ideia de certas leis*. E esse recurso é encontrado apenas em seres racionais. Então aquilo que serve como fundamento objetivo da autodeterminação da vontade é a *finalidade*, e quando esta é dada pela simples razão, deve valer igualmente para todos os seres racionais. Por outro lado, o que contém apenas o fundamento da possibilidade da ação, cujo resultado é uma finalidade, chama-se *meio*. O fundamento subjetivo do desejo é o *estímulo*, o fundamento objetivo do querer é a *motivação*; essa é a diferença entre as finalidades subjetivas baseadas nos estímulos, e as objetivas que dependem de motivações, válidas para todo ser racional. Os princípios práticos são *formais* quando se abstraem de todas as finalidades subjetivas; mas são *materiais* quando colocam estas últimas como fundamento, portanto, certos estímulos. As finalidades que um ser racional se propõe arbitrariamente a alcançar, como *resultados* de suas ações (finalidades materiais), são todas apenas relativas, pois só sua relação com a capacidade de desejar do sujeito, uma capacidade especialmente adequada, confere-lhes o seu valor que, por isso, não pode fornecer os necessários princípios universais válidos para todos os seres racionais e para todo o querer, isto é, as leis práticas. Por isso todas essas finalidades relativas são a base apenas dos imperativos hipotéticos.

Mas supondo que existisse algo cuja *existência em si mesmo* tivesse um valor absoluto, que, *como finalidade em si* pudesse ser uma base para determinadas leis; então nesse algo, e apenas nele, haveria a base de um possível imperativo categórico, isto é, uma lei prática. Por isso eu digo: o ser humano, e em geral todo ser racional, *existe* como finalidade em si mesmo, e *não como um mero meio* de uso arbitrário para essa ou aquela vontade; e em todas as suas ações, inclusive naquelas dirigidas a si mesmo e também a outros seres racionais, a todo momento, o ser humano precisa ser considerado *ao mesmo tempo como finalidade*. Todos os objetos das inclinações possuem apenas um valor condicional, pois se não existissem as inclinações e as necessidades baseadas nelas, seu objeto não teria valor. Mas as próprias inclinações, como fontes das necessidades, possuem um valor absoluto tão reduzido, um valor que poderia torná-las desejáveis por si mesmas, que o desejo universal de todo ser racional deve ser o de ficar totalmente livre delas. Portanto, o valor de todos os objetos a serem *obtidos* por meio da nossa ação é sempre condicional. Quando são irracionais, os seres cuja existência não depende da nossa vontade mas da natureza, possuem apenas um valor relativo, como meios, e por isso chamam-se *coisas*; por outro lado, os seres racionais são chamados de *pessoas*, porque sua natureza já os define como fins em si mesmos, isto é, como algo que não pode ser usado apenas como um meio, e por isso impede toda arbitrariedade (pois ele é um objeto de respeito). Portanto, estas não são apenas finalidades subjetivas cuja existência possui um valor *para nós*, como efeito da nossa ação, mas *finalidades objetivas*, isto é, coisas cuja existência é uma finalidade em si mesma, e que não permite que se coloquem outras coisas em seu lugar, às quais elas deverão servir *apenas* como meios, porque sem isso não se encontraria nada de *valor absoluto*, em lugar algum. Mas se todo valor fosse condicional, e portanto casual, não se encontraria em lugar algum um princípio prático supremo para a razão.

Mas se existir um princípio prático supremo e, em relação ao ser humano, um imperativo categórico, ele deve ser tal que, a partir da ideia do que é necessariamente uma finalidade para todos, porque é uma *finalidade em si mesma*, ele deve constituir um princípio *objetivo* da vontade, e portanto, servir como uma lei prática universal. O fundamento desse princípio é: *a natureza racional existe como uma finalidade em si mesma.* Assim, o ser humano necessariamente imagina sua própria existência, portanto, esse também é um princípio *subjetivo* das ações humanas. Mas é assim também que qualquer outro ser racional imagina sua existência, em função do mesmo fundamento racional que vale para mim;[14] portanto, este é ao mesmo tempo um princípio *objetivo*, do qual, como de um fundamento prático supremo, devem poder derivar todas as leis da vontade. Então, o imperativo prático será o seguinte: *Aja de modo a usar a humanidade, tanto na sua pessoa quanto na pessoa de outrem, a todo instante e ao mesmo tempo como um fim, mas jamais apenas como um meio.* Veremos se isso será realizado.

Voltando aos exemplos anteriores:

*Em primeiro lugar,* o que trata do conceito do dever necessário em relação a si mesmo, no caso daquele homem que tentou cometer suicídio; ele se pergunta se sua ação poderia subsistir em conjunto com a ideia da humanidade como uma *finalidade em si.* Se ele se destrói para escapar a uma situação difícil, então está se utilizando de uma pessoa apenas como um *meio* para se manter numa situação suportável até o fim da vida. Mas o ser humano não é uma coisa, portanto, não é algo que pode ser usado apenas como um meio; em todas as suas ações, ele precisa sempre ser considerado uma

---

[14] Apresento aqui essa proposição como um postulado. Na última seção encontraremos o motivo para isso. (N. A.)

finalidade em si. Por isso não posso dispor do ser humano que há em minha pessoa, ou seja, mutilá-lo, destruí-lo ou matá-lo. (Neste caso, para evitar qualquer mal-entendido, por exemplo, no caso da amputação dos membros para me manter vivo, ou o perigo ao qual me exponho para preservar minha vida etc. devo renunciar a uma definição mais precisa desse princípio, pois ela pertence à moral.) *Em segundo lugar*, quanto ao dever necessário ou responsável em relação aos outros, aquela pessoa que pretender enganar seus semelhantes com uma promessa mentirosa, logo perceberá que, na verdade, ela quer servir-se de outra pessoa *apenas como um meio*, sem ao mesmo tempo, considerar a finalidade. Mas é possível essa pessoa, que ele pretende usar para os seus propósitos, com essas promessas, concorde com o seu comportamento, pois, na verdade, o que ela pretende é ser ela mesma a finalidade dessa ação. Esse conflito com o princípio de outras pessoas aparece com mais clareza em exemplos de agressões à liberdade e à propriedade alheias. Então fica muito claro que o transgressor dos direitos das pessoas tem a intenção de se servir delas apenas como meios, sem considerar que, como seres racionais, elas sempre devem ser entendidas como finalidades, isto é, como seres que deverão também conter em si mesma a finalidade da mesma ação.[15]

*Em terceiro lugar*, no que concerne ao dever casual (meritório) em relação a nós mesmos, não basta que a ação não contradiga a humanidade existente em nossa pessoa, como finalidade em si, mas também precisa *concordar* com ela. Na humanidade existem aptidões para uma maior perfeição, que fazem parte dos objetivos da natureza em relação à humanidade do nosso sujeito; em todo caso, mesmo que essas aptidões sejam negligenciadas, a manutenção da

---

[15] Não devemos pensar que o *trivial quod tibi non vis fieri* (o que não quer que lhe façam...) poderia servir como uma diretriz ou um princípio. Apesar de diversas restrições, este só pode derivar daquele, e não pode ser uma lei universal, pois não contém o princípio dos deveres relativos a nós mesmos nem dos deveres de amor em relação aos outros (pois muitos gostariam de renunciar ao bem que os outros deveriam lhes fazer, se eles mesmos pudessem deixar de fazer o bem aos outros); e, finalmente, também não contém o princípio dos deveres mútuos, pois a partir desse motivo o criminoso poderia argumentar contra os seus juízes etc. (N. A.)

humanidade como finalidade em si pode até continuar, mas não o fomento dessa finalidade.

Em quarto lugar, quanto ao dever meritório em relação aos outros, a finalidade da natureza inerente a todos os seres humanos é sua própria felicidade. Entretanto a humanidade poderia subsistir, mesmo se uns não contribuíssem para a felicidade dos outros, mas também não lhes subtraíssem nada premeditadamente; caso ninguém se esforçasse em promover as finalidades dos outros, o quanto pudesse, estaria apenas concordando de forma negativa e não positiva com a *humanidade como finalidade em si mesma*. Pois as finalidades do sujeito — que é uma finalidade em si — devem, se possível, ser também as *minhas* finalidades, para que aquela ideia exerça todo o seu efeito em mim.

Esse princípio da humanidade e de toda natureza racional em geral, como *finalidade em si* (que é a maior condição restritiva da liberdade das ações de toda pessoa) não é extraído da experiência; em primeiro lugar, em razão de sua universalidade, porque ele é válido para todos os seres racionais, nos quais nenhuma experiência tem abrangência suficiente para determinar algo; e, em segundo lugar, porque nisso a humanidade não é apresentada como finalidade das pessoas (subjetivamente), isto é, como objeto que de fato transformamos em finalidade, porém como finalidade objetiva, que, quaisquer que sejam as finalidades que visamos, deve se constituir, como lei, na maior condição restritiva de todas as finalidades subjetivas, portanto, deve partir da razão pura. É que o fundamento de toda legislação prática situa-se *objetivamente na regra* e na forma da universalidade, que a capacita (segundo o primeiro princípio) a ser uma lei (em todo caso uma lei natural), porém situa-se *subjetivamente* na *finalidade*. Entretanto, o sujeito de todas as finalidades é todo ser racional, como fim em si mesmo (de acordo com o segundo princípio). A partir disso decorre o terceiro princípio prático da vontade, como a maior condição de sua concordância com a razão prática universal, ou seja, a ideia da *vontade de todo ser racional como uma vontade legisladora universal*.

Segundo esse princípio, são recusadas todas as máximas que não podem subsistir em conjunto com a legislação universal da vontade. Assim, a vontade não é simplesmente submetida à lei, mas ela o é de modo a poder ser considerada também *autolegisladora*, e justamente por isso é que ela deve ser vista, antes de tudo, como submetida à lei (da qual ela mesma possa ser considerada autora). Os imperativos que estão de acordo com a ideia anterior, ou seja, compondo no geral uma legislação das ações universalmente semelhante a uma *ordem natural*, ou como *prerrogativa universal da finalidade* dos seres racionais em si mesmos, excluíam do seu aspecto ordenador a mistura de qualquer interesse, como estímulo, justamente porque eram apresentados como categóricos; mas apenas eram *admitidos* como categóricos porque devíamos aceitá-los assim, se quiséssemos explicar o conceito de dever. E não se poderia provar por si só a existência de proposições práticas que ordenassem categoricamente, o que também ainda não pode ser feito aqui, nesta seção. Mas uma coisa poderia ter sido feita, ou seja, indicar-se no próprio imperativo, por meio de uma determinação qualquer nele contida, a ausência de todo interesse no querer por dever, como um sinal de diferênciação específica entre o imperativo categórico e hipotético; é isso que ocorre na presente terceira fórmula do princípio, ou seja, da ideia da vontade de todo ser racional como *uma vontade legisladora universal*.

Pois quando refletimos sobre isso, percebemos ser impossível que uma vontade supremamente legisladora dependa tanto de qualquer interesse, apesar de uma vontade *subordinada às leis* ainda poder estar ligada a elas por meio de um interesse. Pois uma vontade dependente como essa necessitaria de outra lei que restringisse o interesse do amor próprio à condição de uma lei válida como lei universal.

Então, o *princípio* de toda vontade humana como uma *vontade universal legisladora*,[16] *por meio de todas as suas máximas*, caso tivesse sua exatidão assegurada, poderia *convir perfeitamente* ao imperativo categórico, pois justamente por causa da ideia de legislação

---

[16] Posso deixar de apresentar aqui alguns exemplos para o esclarecimento desse princípio, pois todos os que já serviram para esclarecer o imperativo categórico e sua fórmula podem servir para o mesmo objetivo. (N. A.)

universal ele não *se baseia em nenhum interesse*, e portanto, entre todos os imperativos possíveis, é o único que pode ser *incondicional*. Ou melhor ainda, invertendo a proposição, se há um imperativo categórico (isto é, uma lei para toda vontade de um ser racional) ele apenas poderá ordenar que se faça tudo a partir da máxima de uma vontade que, ao mesmo tempo, só poderia ter ela mesma como legisladora universal em relação ao objeto. Só então o princípio prático e o imperativo ao qual ele obedece serão incondicionais, porque não poderão ter nenhum interesse como fundamento.

Portanto, se olharmos para trás para todos os esforços que realizamos até então no sentido de descobrirmos o princípio da moralidade, o fracasso desse empenho não é nenhuma surpresa para nós. Vimos o ser humano ligado às leis por meio dos deveres, mas não percebemos que ele estava subordinado *apenas à sua própria legislação*, apesar de ela ser uma *legislação universal*, e que ele estava obrigado a agir apenas de acordo com a sua vontade, mas que, conforme a finalidade natural, ela era uma vontade legisladora *universal*. Pois quando o imaginávamos apenas subordinado a uma lei (qualquer que fosse) esta deveria ter algum interesse, que fosse atraente ou coercitivo, porque no caso, como lei, ela não derivava da *sua* vontade, que, por seu lado, era obrigada legalmente a agir de determinada maneira, estimulada *por outra coisa*. No entanto, por meio dessa consequência necessária, todo o trabalho de se encontrar um motivo maior para o dever foi irremediavelmente perdido. Isso porque nunca se obtinha o dever, mas a necessidade da ação a partir de um determinado interesse, que poderia ser próprio ou alheio. Nesse caso o imperativo sempre seria excluído e nem serviria para o mandamento moral. Portanto, chamarei esse princípio de "princípio da autonomia da vontade", em contraposição a qualquer outro que, por isso, considerarei uma "heteronomia".

O conceito pelo qual todo ser racional, por meio de todas as máximas de sua vontade, deve se considerar um legislador universal, para, desse ponto de vista, avaliar a si mesmo e também avaliar suas ações, conduz a um outro conceito muito fecundo ligado a ele, ou seja, o de um *reino das finalidades*.

Entendo como *reino* a ligação sistemática entre diversos seres racionais por meio de leis comuns. Como as leis determinam as finalidades de acordo com a sua validade universal, se subtrairmos as diferenças pessoais dos seres racionais e todo o conteúdo das suas finalidades privadas, podemos pensar num todo das finalidades (tanto dos seres racionais na qualidade de finalidades em si, quanto das finalidades que cada um queira colocar para si) em uma ligação sistemática, isto é, um reino de finalidades possível segundo os princípios mencionados acima.

Portanto, todos os seres racionais estão submetidos a *leis*, pelas quais devem tratar-se e tratar os outros, *nunca apenas como meios*, mas *sempre também como finalidades em si*. Mas com isso surge uma ligação sistemática dos seres racionais por meio de leis objetivas comuns, isto é, um reino, que pode se chamar de um *reino das finalidades* (decerto apenas um ideal) porque essas leis têm como propósito a relação desses seres entre si, como finalidades e meios.

Um ser racional pertence ao reino das finalidades como *membro*, quando está nele como legislador universal, mas também submetido a essas leis. E pertence a ele como *chefe*, se não estiver, como legislador, submetido à vontade de algum outro ser. O ser racional deve sempre considerar-se legislador, como membro ou chefe, num reino das finalidades que seja possível pela liberdade da vontade. Mas ele não pode garantir a si mesmo o lugar de chefe apenas pela máxima da sua vontade, ele só poderá fazer isso se for um ser totalmente independente, sem a necessidade nem a limitação de uma faculdade adequada à sua vontade.

Portanto, a moralidade consiste em uma relação de todas as ações com a legislação, pois só com ela é possível a existência de um reino das finalidades. Mas essa legislação deve ser encontrada em cada ser racional e poder derivar de sua vontade, cujo princípio é: não realizar nenhuma ação de acordo com outra máxima a não ser aquela que possa também ser uma lei universal, e portanto, apenas de modo que a vontade, *por meio de sua máxima, possa considerar-se ao mesmo tempo uma legisladora universal*. Então quando, pela sua natureza, as máximas já não são necessariamente concordantes com esse princípio objetivo dos seres racionais como legisladores universais, a necessidade da ação segundo aquele princípio chama-se obrigação prática, isto é, *dever*. O dever não é atribuição do chefe no reino das finalidades, mas de cada membro, e de todos, na mesma medida.

A necessidade prática de agir segundo esse princípio, isto é, o dever, não está baseado nos sentimentos, impulsos e inclinações, mas apenas nas relações dos seres racionais entre si, nas quais a vontade de um ser racional sempre deve ser também considerada *legisladora*, caso contrário ela não poderia ser pensada como uma *finalidade em si mesma*. Assim, a razão relaciona cada máxima da vontade considerada legisladora universal com todas as outras vontades, e também com todas as ações relativas a nós mesmos, e não em razão de algum outro motivo prático ou de futura vantagem, mas a partir da ideia da *dignidade* de um ser racional que não obedece a nenhuma outra lei além daquela que impõe a si mesmo.

No reino das finalidades tudo tem um preço ou uma *dignidade*. No lugar daquilo que tem um preço, pode ser colocada outra coisa, *equivalente*; por outro lado, possui uma dignidade aquilo que está acima de qualquer preço, portanto, não possui nenhum equivalente.

O que se refere às necessidades e inclinações humanas em geral, têm um *preço de mercado*; aquilo que não pressupõe uma necessidade, mas está de acordo com um determinado gosto, isto é, com o prazer de uma simples diversão gratuita que satisfaz nossa sensibilidade, possui um *preço afetivo*; mas o que leva em conta a condição pela qual algo possa ser uma finalidade em si, não possui um valor apenas relativo, isto é, um preço, mas um valor interno, ou seja, uma *dignidade*.

Então a moralidade é a única condição pela qual um ser racional pode ser finalidade em si mesmo, porque só por meio dela é possível alguém ser um membro legislador no reino das finalidades. Portanto, a moralidade e a humanidade na medida em que esta última é apta a possuir essa moralidade, são as únicas a terem dignidade. A habilidade e o empenho no trabalho possuem um preço de mercado, mas a presença de espírito, a viva imaginação e os ânimos possuem um preço afetivo; por outro lado, as promessas, a benevolência por princípio (e não por instinto) possuem um valor interior. A natureza, assim como a arte, não contém nada que, ao faltar, poderia ser colocado em seu lugar, pois seu valor não consiste naquilo que produzem, nas vantagens e utilidades que criam, mas nas intenções, isto é, nas máximas da vontade que desse modo mostram-se dispostas a se manifestarem em ações, apesar do êxito também não as favorecerem. Essas ações também não precisam de nenhuma recomendação de qualquer tendência ou gosto subjetivos para as encararmos com uma benevolência e uma vantagem imediatas, nem de alguma inclinação ou sentimento que se possa ter por elas: apresentam a vontade que as realiza como objeto de um respeito imediato, que exige a razão para *impô-lo* à vontade e não se deixar *agraciar* por ela, o que, nos deveres, seria uma contradição. Essa avaliação define o valor desse pensamento como dignidade, colocando-a infinitamente acima de qualquer preço, com o qual não pode ser confrontada nem comparada sem prejudicar sua santidade.

E o que autoriza, afinal, a boa intenção moral ou a virtude a fazer exigências tão grandes? É nada menos que a *participação* proporcionada ao ser racional na *legislação universal*, e que assim pode se tornar membro de um possível reino das finalidades ao qual ele já estava destinado por sua própria natureza, como finalidade em si, e justamente por isso, como legislador nesse reino das finalidades; e, em relação a todas as leis naturais, também como um ser livre, obedecendo apenas àquela lei que ele mesmo se impôs e pela qual suas máximas podem pertencer a uma legislação universal (à qual ele mesmo se submete). Nada tem um valor além daquele que lhe é determinado pela lei. Mas justamente por isso a própria legislação, que determina todo valor, precisa ter uma dignidade, isto é, um valor incondicional, incomparável, para o qual só a palavra *respeito* nos fornece a expressão mais conveniente da estima que um ser racional deve lhe dedicar. Portanto, a *autonomia* é a base da dignidade da natureza humana e de toda natureza racional.

Essas três maneiras aqui mencionadas de apresentar o princípio da moralidade são basicamente algumas das muitas fórmulas da mesma lei, cada uma das quais reunindo, por si só, as outras duas. Mesmo assim há uma diferença entre elas, que é muito mais subjetiva do que objetivo-prática, para aproximar a ideia da razão à intuição (segundo uma certa analogia) e com isso ao sentimento. Pois todas as máximas têm:

Uma *forma*, que consiste na universalidade, e nisso a fórmula do imperativo moral é expressa do seguinte modo: As máximas serão escolhidas como se devessem ter o valor de leis naturais universais.

Uma *matéria*, ou seja, uma finalidade, e no caso a fórmula que diz: o ser racional deve servir como finalidade de acordo com a sua natureza, portanto, como finalidade em si mesmo, e que toda máxima deve servir como uma condição restritiva de todas as finalidades relativas e arbitrárias.

Uma *determinação completa* de todas as máximas por meio daquela fórmula, ou seja, de que, por legislação própria, todas as máximas devem concordar com um possível reino das finalidades como sendo um reino da natureza.[17]

O processo se realiza aqui e ali por meio das seguintes categorias: *unidade* da forma da vontade (universalidade da mesma), *multiplicidade* da matéria (os objetos, isto é, as finalidades) e *totalidade* do sistema dessas finalidades. Mas faremos melhor se, no juízo moral, sempre procedermos de acordo com o método mais rigoroso e colocarmos a fórmula universal do imperativo categórico como base: *Aja de acordo com a máxima que ao mesmo tempo possa se transformar numa lei universal*. Mas se também quisermos promover o acesso à lei moral, então seria muito útil conduzirmos aquela única e mesma ação pelos três conceitos mencionados e assim, na medida do possível, aproximá-la da visão.

Daqui em diante podemos concluir isso justamente no local de onde partimos no início, ou seja, do conceito de uma boa vontade absoluta. *A vontade é absolutamente boa* quando não pode ser má, portanto, quando a sua máxima, ao ser promovida a uma lei

---

[17] A teleologia considera a natureza como um reino das finalidades e a moral considera um possível reino das finalidades como um reino da natureza. No primeiro caso, o reino das finalidades é uma ideia teórica, para explicar o que existe. No segundo, é uma ideia prática para criar o que não existe, mas que pode de fato tornar-se real por meio da nossa ação ou omissão, de acordo com essa ideia. (N. A.)

universal, jamais pode se contradizer. Este princípio também é a sua lei suprema: sempre aja de acordo com a máxima da qual você possa querer que se torne uma lei universal. Esta é a única condição pela qual uma vontade jamais poderá estar em contradição consigo mesma, e um imperativo como esse é categórico. Como a validade da vontade, na condição de lei universal para possíveis ações, possui uma analogia com a vinculação universal da existência das coisas segundo leis universais, que é o formal da natureza em geral, o imperativo categórico também pode ser expresso assim: *aja de acordo com máximas que podem, ao mesmo tempo, ter a si mesmas como objeto, como leis naturais universais*. Assim se constitui a fórmula de uma boa vontade absoluta.

A natureza racional diferencia-se das outras pelo fato de colocar uma finalidade a si mesma, que seria a matéria de toda boa vontade. Mas, como se deve abstrair toda finalidade *a ser alcançada* (que tornaria toda vontade só relativamente boa) da ideia de uma boa vontade absoluta, sem nenhuma condição restritiva (para se alcançar essa ou aquela finalidade), então, neste caso, a finalidade não deve ser pensada como alguma coisa a ser alcançada, *mas como uma finalidade independente*, portanto, apenas negativa, isto é, contra a qual nunca se deve agir, e assim, em todo querer, nunca se deve considerá-la apenas como meio, mas sempre, ao mesmo tempo, como fim. O querer não pode ser nada além do sujeito de toda possível finalidade em si, porque ao mesmo tempo é o sujeito de uma possível boa vontade absoluta, que não pode ser posposta a nenhum outro objeto sem gerar uma contradição. O princípio: "aja em relação a todo ser racional (você mesmo e outros) de tal modo que sua máxima tenha, ao mesmo tempo, o valor de uma finalidade em si", é basicamente o mesmo que o princípio: "aja de acordo com uma máxima que contenha sua própria validade universal, uma validade para todo ser racional". Pois o fato de eu ser obrigado, no uso dos meios para toda e qualquer finalidade, a restringir minha máxima à condição de sua universalidade, como uma lei para todo e qualquer sujeito, é a mesma coisa que dizer: "Na base de todas as máximas das ações, o sujeito das finalidades, isto é, o próprio ser racional, nunca deve ser colocado apenas como meio, mas numa condição restritiva suprema no uso de todos os meios, isto é, a todo momento como finalidade".

Então, a consequência incontestável é que, relativamente a todas as leis às quais possa estar submetido, todo ser racional, como finalidade em si, deveria ser considerado também como legislador universal, pois justamente essa aptidão das suas máximas para a legislação universal é que o define como finalidade em si. Da mesma forma essa sua dignidade (prerrogativa) diante de todos os simples seres naturais, faz com que ele sempre tenha de extrair suas máximas do seu próprio ponto de vista, e ao mesmo tempo considerar o ponto de vista de todos os outros seres racionais, como legisladores (que por isso também são chamados de pessoas). Então, desse modo torna-se possível um mundo de seres racionais (*mundus intelligibilis*) como um reino das finalidades, por meio da legislação própria de todas as pessoas, na condição de membros. De acordo com isso, todo ser racional precisa agir por meio de suas máximas como se sempre fosse um membro legislador no reino universal das finalidades. O princípio formal dessas máximas é: "aja como se sua máxima pudesse servir, ao mesmo tempo, de lei universal (de todos os seres universais)". Portanto, um reino das finalidades só é possível em analogia com um reino da natureza, porém o primeiro apenas de acordo com as máximas, isto é, de regras impostas a si mesmo, e o segundo apenas de acordo com as leis de causas atuantes impostas externamente. Por isso damos à totalidade da natureza o nome de reino da natureza, apesar dela já ter sido vista como máquina, na medida em que se refere aos seres racionais como suas finalidades. Um tal reino das finalidades poderia de fato concretizar-se por meio de máximas, cujas regras, prescritas pelo imperativo categórico, fossem *obedecidas universalmente* por todos os seres racionais. E tudo isso mesmo que o ser racional não possa garantir que, obedecendo a essa máxima pontualmente, todos os outros seres fossem fiéis a ela, e também que o reino da natureza, em que ele estaria adequadamente inserido como um membro conveniente, combinasse com um reino das finalidades possível por meio de si mesmo, isto é, privilegiando a sua expectativa de felicidade. Por ser categoricamente ordenadora, aquela lei "aja de acordo com as máximas de um membro legislador universal, de um reino das finalidades apenas possível", permanece com força total. É nisso que reside o paradoxo: apenas a dignidade da humanidade como natureza racional, sem nenhuma outra finalidade ou vantagem a ser obtida com isso, portanto, apenas o respeito a uma simples ideia deveria servir como rigorosa regra da vontade.

Justamente nessa independência da máxima em relação a todos esses estímulos é que consiste a sua nobreza e a dignidade de todo sujeito racional como membro legislador no reino das finalidades. Caso contrário, ele teria de ser apresentado como submetido apenas às leis naturais das suas necessidades. Apesar de se conceber o reino natural e o reino das finalidades unidos sob um chefe superior, e com isso o reino das finalidades não continuar sendo uma simples ideia, mas passando a ter uma realidade autêntica, ocorre o aumento de um forte estímulo no reino natural, mas nunca o aumento do seu valor interior. Apesar disso, até mesmo esse único e irrestrito legislador deve ser sempre apresentado da forma como avalia o valor do ser racional, isto é, apenas a partir do comportamento altruísta que lhe foi prescrito a partir daquela ideia. A essência das coisas não se modifica em razão das condições externas, e, sem considerá-las, o valor absoluto do homem também é aquilo pelo qual ele deverá ser julgado por quem quer que seja, até mesmo pelo Ser Supremo.

Portanto, a *moralidade* é a relação das ações com a autonomia da vontade, isto é, com a possível legislação universal, por meio das suas máximas. A ação que pode se manter combinada à autonomia da vontade é *permitida*; aquela que não está de acordo com ela, é *proibida*. A vontade cujas máximas necessariamente combinam com as leis da autonomia é uma vontade *santa*, absolutamente boa. A dependência que uma vontade não absolutamente boa tem do princípio da autonomia (a necessidade moral) é *obrigação*. Portanto, esta última não pode ser relacionada a um ser santo. A necessidade objetiva de uma ação por obrigação chama-se *dever*.

A partir do breve relato anterior podemos facilmente explicar como tudo isso ocorre: apesar de, sob o conceito de dever, concebermos uma submissão a todas as leis, ao mesmo tempo imaginamos que existe nobreza e *dignidade* naquela pessoa que cumpre todos os seus deveres. Mas não há nobreza nela, na medida em que está *submetida* à lei moral, pois a nobreza só existe quando essa pessoa é ao mesmo tempo *legisladora*, em relação a essa lei, e só por isso submetida a ela. Também mostramos acima como nem o medo, nem a inclinação, mas simplesmente o respeito à lei, é o estímulo que pode dar um valor moral à ação. Nossa própria vontade, na medida em que só age sob a condição de uma legislação universal possível pelas suas máximas — essa vontade possível para nós na ideia — é o verdadeiro objeto do respeito, e a dignidade da humanidade consiste justamente nessa capacidade de legislar universalmente, apesar da condição de se submeter, ao mesmo tempo, a essa legislação.

*A autonomia da vontade*
*como princípio supremo da moralidade*

Portanto, o princípio da autonomia é: a qualidade da vontade pela qual ela mesma é a sua lei (independente de toda qualidade dos objetos do querer). O princípio da autonomia é, portanto: não escolher nunca a não ser de modo que as máximas da sua escolha também estejam incluídas nesse mesmo querer como uma lei universal. O fato dessa regra prática ser um imperativo, isto é, estar necessariamente ligada à vontade de todo ser racional como condição, não pode ser provado por meio da simples análise dos conceitos nela contidos, porque ela é uma proposição sintética; precisaríamos ir além do reconhecimento dos objetos e passar a uma crítica do sujeito, isto é, da pura razão prática, pois essa proposição sintética, que ordena de forma convincente, deve poder ser reconhecida totalmente a priori. Mas não cabe analisarmos essa questão nesta seção. Mas podemos constatar, por meio da simples análise dos conceitos da moralidade, que o princípio da autonomia pensado desse modo é o único princípio da moral. Pois assim descobrimos que seu princípio precisaria ser um imperativo categórico, porém este não ordenaria nada mais nada menos do que justamente essa autonomia.

*A heteronomia da vontade*
*como fonte de todos os princípios falsos da moralidade*

Quando a vontade vai procurar *alguma outra coisa* que não seja a utilidade das suas máximas para sua própria legislação universal; portanto, quando vai além de si mesma e, na natureza de algum de seus objetos, busca a lei que deve determiná-la, o que resulta é sempre a *heteronomia*. A vontade não fornece a lei a si mesma, mas o objeto é que lhe dá a lei por meio de sua relação com a vontade. Essa relação, baseada na inclinação ou nas ideias da razão, só permite que se tornem possíveis os imperativos hipotéticos: devo fazer algo, *porque quero outra coisa*. Por outro lado, o imperativo moral, ou seja, categórico, diz: "Devo agir desse ou daquele modo, mesmo que não queira outra coisa". Por exemplo, o primeiro diz: "Não devo mentir se quiser permanecer honrado"; mas o outro diz: "Não devo mentir, mesmo que isso não me faça passar vergonha". Portanto, este último deve se abstrair de todo e qualquer objeto, a ponto dele não exercer mais nenhuma *influência* sobre a vontade, para que a razão prática (vontade) não apenas administre o interesse alheio, mas prove seu próprio prestígio ordenador como legislação suprema. Assim, por exemplo, eu devo tentar promover a felicidade alheia, não porque a sua existência poderia ter alguma importância para mim (pela inclinação direta, ou por algum prazer indireto por meio da razão), mas simplesmente porque a máxima que a exclui não pode ser incluída num único e mesmo querer, como lei universal.

*Classificação de todos os princípios possíveis da moralidade no âmbito do suposto conceito fundamental da heteronomia*

A razão humana, antes de conseguir encontrar o único caminho verdadeiro, em sua utilização pura, tenta trilhar todos os possíveis caminhos errados, tanto aqui quanto em outros — enquanto lhe faltarem as devidas críticas.

Todos os princípios que podemos derivar desse ponto de vista são *empíricos* ou *racionais*. Os *primeiros*, derivados do princípio da *felicidade*, são construídos sobre o sentimento físico ou moral; os *segundos*, que partem do princípio da *perfeição*, são construídos sobre o conceito racional dessa perfeição como possível efeito, ou sobre o conceito de uma perfeição independente (a vontade de Deus) como causa determinante de nossa vontade. Em todos os lugares os *princípios empíricos* não servem para fundamentar as leis morais. Pois a universalidade com a qual eles deveriam valer para todos os seres racionais sem distinção, e a incondicional necessidade prática que lhes é imposta por isso, desaparecem quando o seu fundamento é extraído da *constituição peculiar da natureza humana*, ou das circunstâncias casuais em que está inserida. Mas o princípio da *felicidade pessoal* é o mais reprovável, não apenas porque é falso e a experiência contradiz a suposição de que o bem-estar se rege sempre pela boa conduta; e também não apenas porque não contribui em nada para a fundamentação da moralidade — uma vez que é bem diferente fazer um homem feliz ou torná-lo bom, e, visando seu interesse, torná-lo prudente e esperto, ou torná-lo virtuoso —, mas sim porque ele está submetido aos estímulos da moralidade que enterram e aniquilam toda a sua nobreza, quando colocam numa única classe as causas da virtude e as do vício, e apenas ensinam a calcular melhor, porém eliminam totalmente a diferença específica entre ambos. Por outro lado, o sentimento moral, esse suposto sentido especial[18] (por mais fácil que seja o apelo a ele, pois as pessoas que não sabem pensar acreditam conseguir alguma ajuda no *sentimento*, mesmo naquilo que depende apenas de leis universais, e mesmo nos sentimentos que, por natureza, são infinitamente diferentes uns dos outros de acordo com seu grau, pois não podem apresentar uma mesma medida do bem e do mal, como alguém que julga os outros a partir de seu próprio sentimento, um julgamento que não tem valor) permanece mais próximo da moralidade e da sua dignidade ao demonstrar um

---

[18] Relaciono o princípio do sentimento moral ao da felicidade, pois todo interesse empírico promete uma contribuição ao bem-estar, por meio da comodidade proporcionada por algo que ocorre diretamente e sem a intenção de obter alguma vantagem ou até em consideração a ela. Ao mesmo tempo devemos relacionar o princípio da participação na felicidade dos outros ao sentido moral, admitido por *Hutcheson*. (N. A.)

respeito pela virtude, atribuindo-lhe benevolência e elevada estima, e não lhe dizendo imediatamente que não é a sua beleza que nos liga a ela, mas apenas a vantagem que nos proporciona.

Dentre os motivos *racionais* da moralidade, o conceito ontológico da *perfeição* (por mais vazio, indeterminado, portanto, inútil que ele seja para encontrar a maior soma conveniente para nós no campo imensurável da realidade possível; e por mais que ele também possua uma inevitável tendência a girar em círculos, quando se trata de distinguir especificamente, de qualquer outra, a realidade da qual falamos aqui, e não consegue deixar de pressupor, secretamente, a moralidade que deve explicar) é ainda melhor do que o conceito teológico, em que a moralidade deriva de uma vontade divina totalmente perfeita. E não apenas porque não enxergamos sua perfeição, mas porque só podemos derivá-la dos nossos conceitos, dentre os quais o da moralidade é o mais nobre, e também porque, se não o fizermos (seria um grosseiro desvio na explicação) o conceito restante dessa vontade divina teria de criar, a partir das peculiaridades do desejo de honra e poder ligados às terríveis ideias de domínio e ânsia de vingança, o fundamento de um sistema de costumes contraposto ao da moralidade.

Mas se eu tivesse de escolher entre o conceito do sentido moral e o da perfeição em geral (sem que algum deles estabeleça uma ruptura com a moral, apesar deles não servirem para sustentá-la, como fundamento) eu me decidiria pelo último porque, ao retirar a sensibilidade da decisão da questão e levando-a ao julgamento da razão pura, mesmo que ela também não decida nada, pelo menos preserva a ideia indeterminada (de uma vontade boa em si), para uma posterior determinação mais apurada, sem falseá-la.

Em todo caso, acredito poder dispensar uma contestação mais ampla de todos esses ensinamentos conceituais. Ela é tão fácil, e supostamente tão bem reconhecida, até mesmo por aqueles cujo ofício lhes exige declarar-se a favor de uma dessas teorias (porque os ouvintes não poderiam tolerar uma prorrogação do julgamento) que, com tudo isso, só se faria um trabalho supérfluo. Mas o que mais nos interessa aqui é saber que esses princípios, em todos os lugares, constituem nada menos do que a heteronomia da vontade como principal fundamento da moralidade, e justamente por isso falham em relação à sua finalidade.

Em toda parte em que se coloca um objeto da vontade como fundamento, para prescrever a essa vontade a regra que a determina, essa regra nada é além de heteronomia. O imperativo é condicionado no seguinte caso: *quando* ou *porque* queremos esse objeto, devemos agir de um modo ou de outro, portanto, esse imperativo nunca poderá dar ordens moralmente, isto é, categoricamente. Quer o objeto determine a vontade por meio da inclinação, como no princípio da nossa própria felicidade, ou por meio da razão direcionada a objetos do nosso possível querer em geral, como no princípio da perfeição, a vontade jamais determina *imediatamente* a si mesma pela ideia da ação, mas apenas pelo estímulo que o efeito previsto da ação exerce na vontade; *devo fazer algo, porque quero outra coisa*, e nesse caso ainda deve ser colocada outra lei no meu sujeito, como fundamento, pela qual eu quero necessariamente essa outra coisa; por seu lado, essa lei precisa de um imperativo que restrinja a máxima. O estímulo que a ideia de um objeto — possível por meio das forças do sujeito de acordo com as suas características naturais — deve exercer na vontade, pertence à natureza do sujeito, à sua sensibilidade (da inclinação e do gosto) ou à compreensão e à razão aplicadas com prazer em um objeto, de acordo com a constituição especial da sua natureza. Então, na verdade, ocorre que a natureza fornece a lei, que, como tal, não precisa ser apenas reconhecida ou provada pela experiência, ela é casual em si mesma e não serve como uma regra apodíctica, prática, como a lei moral precisa ser, mas é sempre também *apenas heteronomia* da vontade. A vontade não dá a lei a si mesma, mas quem lhe dá a lei é um estímulo estranho, por meio da natureza do sujeito, que concorda com a receptividade desse estímulo.

A boa vontade absoluta, cujo princípio precisa ser um imperativo categórico, permanecerá indeterminada em relação a todos os objetos, e conterá apenas a *forma da vontade* em geral; e isso como autonomia, isto é, a capacidade que a máxima de toda boa vontade possui de se converter em lei universal, sendo a única lei que se impõe à vontade de todo ser racional sem interpor qualquer estímulo e interesse como fundamento.

Descobrir como uma *proposição prática sintética como essa seria possível*, a priori, e por que ela é necessária, é uma tarefa cuja resolução não se situa mais nos limites da metafísica dos costumes. Não afirmamos aqui a sua veracidade, e muito menos presumimos ter uma prova dela em nosso poder. Apenas mostramos, por meio do desenvolvimento do conceito de moralidade que já foi corrente universalmente, que uma autonomia da vontade inevitavelmente vincula-se a ele, ou muito mais, está na sua base. Portanto, quem considera a moralidade algo consistente e não apenas uma ideia quimérica sem existência real, precisa também admitir o seu princípio, apresentado aqui. Então, assim como a primeira, esta seção foi apenas analítica. Para que a moralidade não seja apenas uma quimera — o que se concluirá por si só quando o imperativo categórico, e com ele a autonomia da vontade, forem provados como verdadeiros e absolutamente necessários, como princípios a priori — será preciso um *possível uso sintético da razão pura prática*, mas que não podemos arriscar sem uma *crítica* prévia desses recursos da razão, cujos traços principais, suficientes para o nosso propósito, serão apresentados na última seção.

# Terceira Seção

## TRANSIÇÃO DA METAFÍSICA DOS COSTUMES À CRÍTICA DA RAZÃO PURA PRÁTICA

### O conceito de liberdade é a chave para a explicação da autonomia da vontade

A *vontade* é uma espécie de causalidade dos seres vivos, na medida em que são racionais, e a liberdade seria a propriedade dessa causalidade, para que ela possa ser eficiente, independente das causas estranhas que a *determinam*; assim também a *necessidade natural* é a propriedade da causalidade de todos os seres irracionais, ao serem determinados à atividade por meio da influência de causas estranhas.

Tal definição da liberdade apresentada aqui é *negativa*, e por isso é estéril para se reconhecer a sua essência; mas há o fluxo de um conceito *positivo* a partir dessa mesma liberdade, bem mais rico e fértil. Como o conceito de uma causalidade traz consigo o de *lei*, pela qual deve ser incluída outra coisa, ou seja, o *efeito*, por meio de algo que chamamos de causa, então a liberdade, apesar de não ser uma propriedade da vontade de acordo com as leis naturais, não é totalmente desprovida de leis, mas deve ser uma causalidade segundo leis imutáveis, porém de um tipo especial, caso contrário uma vontade livre seria um absurdo. A necessidade natural era uma heteronomia das causas atuantes, pois cada efeito só seria possível de acordo com a lei de que alguma outra coisa determinasse a causa atuante à causalidade. Pois o que a liberdade da vontade poderia ser além de autonomia, isto é, a propriedade da vontade de ser lei para si mesma? Mas a proposição de que a vontade é uma lei para si mesma, em todas as ações, define apenas o princípio pelo qual não se deve agir de acordo com nenhuma outra máxima além daquela que possa ter a si mesma como objeto, inclusive como uma lei universal. Mas essa é justamente a fórmula do imperativo categórico e o princípio da moralidade: portanto, ambas, tanto uma vontade livre quanto uma vontade que segue leis morais, são a mesma coisa. Quando a liberdade da vontade é pressuposta, então a moralidade, com o seu princípio, resulta disso pela simples análise do seu conceito. Entretanto, esse princípio continua sendo uma proposição sintética; uma vontade boa absoluta é aquela cuja máxima, considerada uma lei universal, pode sempre conter-se em si mesma, a todo instante, pois a citada propriedade da máxima não pode ser encontrada por meio da análise do conceito de uma vontade boa absoluta. No entanto, tais proposições sintéticas só são possíveis porque os dois conhecimentos são ligados entre si pela vinculação a um terceiro, no qual eles se encontram, de ambos os lados. O conceito *positivo* de liberdade é que produz esse terceiro, que não pode ser, como nas causas físicas, a natureza do mundo sensível (em cujo conceito reúnem-se os conceitos de uma coisa, como causa, em relação a *outra coisa*, como efeito). Não nos é revelado de imediato o que seria esse terceiro que a liberdade nos indica, e do qual temos uma ideia a priori, e também não a dedução do conceito de liberdade da razão pura prática, e com ela a possibilidade de tornar compreensível um imperativo categórico. Tudo isso ainda demanda alguma preparação.

*A liberdade precisa ser pressuposta como uma propriedade da vontade de todos os seres racionais.*

Não é suficiente atribuirmos liberdade à nossa vontade, por qualquer motivo, quando não temos motivos suficientes para atribuirmos essa mesma liberdade a todos os seres racionais. Pois como a moralidade serve de lei apenas para nós, enquanto *seres racionais*, ela deve também valer para todos os outros seres racionais; e como ela simplesmente precisa derivar da propriedade da liberdade, a liberdade também precisa provar que é uma propriedade da vontade de todos os seres racionais. E não basta demonstrá-lo a partir de certas supostas experiências da natureza humana (mesmo que isso seja absolutamente impossível e só possa ser feito a priori), mas devemos demonstrá-lo como pertencente à atividade de seres racionais em geral e dotados de uma vontade. Então eu digo que todo ser, que não consegue agir a não ser *sob a ideia da liberdade*, é realmente livre do ponto de vista prático, isto é, para ele valem todas as leis indissoluvelmente ligadas à liberdade, como se sua vontade também fosse declarada livre em si mesma e válida na filosofia teórica.[1] Então afirmo que também devemos, necessariamente, emprestar a ideia de liberdade a todo ser racional que possui uma vontade, para que ele só aja a partir dela. Pois num ser racional como esse imaginamos existir uma razão que é prática, isto é, que possua uma causalidade em relação a seus objetos. No entanto, para nós é impossível imaginar uma razão que, com sua própria consciência, recebesse uma diretriz de outro lugar, em relação aos seus juízos, pois então o sujeito estaria atribuindo a determinação da sua capacidade de julgamento a um estímulo externo, e não à sua razão. Esta precisa considerar-se como autora dos seus princípios, independente de influências estranhas; portanto, como razão prática ou como a vontade de um ser racional, ela precisa ser vista por si mesma como livre, isto é, a vontade desse ser só pode ser a sua própria vontade sob a ideia de liberdade e, portanto, com um propósito prático, ela deve ser atribuída a todos os seres racionais.

*Sobre o interesse ligado às ideias de moralidade*

Reconduzimos o conceito determinado da moralidade à ideia de liberdade, mas não conseguimos provar que esta última é algo real em nós e na natureza humana. Apenas vimos que devemos pressupô-la, se quisermos imaginar um ser como sendo racional e com a consciência da sua causalidade em relação às suas ações, isto

---

[1] O caminho de supor que a liberdade do ser racional em suas ações é baseada somente na ideia, é suficiente para nosso propósito, e também para que eu não me sinta obrigado a demonstrar a liberdade, inclusive em seu propósito teórico. Pois mesmo se este último permanecer indeterminado, as mesmas leis válidas para um ser que não pode agir diversamente do que sob a ideia da sua liberdade, também seriam obrigatórias para um ser realmente livre. Podemos, portanto, nos libertar da pressão exercida pela teoria. (N. A.)

é, um ser dotado de uma vontade. E assim achamos que, pelo mesmo motivo, devemos atribuir a todo ser dotado de razão e vontade essa propriedade de decidir agir sob a ideia da sua liberdade.

Mas, do pressuposto dessa ideia, também surgiu a consciência da lei para a ação: de que os princípios subjetivos das ações, isto é, as máximas, sempre devem ser consideradas de modo a serem válidas também objetivamente, isto é, como princípios universais, portanto, servindo também para a nossa própria legislação universal. Mas por que devo me submeter a esse princípio, justamente como um ser racional em geral, e além de mim todos os outros seres dotados de razão? Quero admitir que nenhum interesse *me impele* a isso, pois não produziria nenhum imperativo categórico. Ainda assim, devo necessariamente *assumir* esse interesse e tentar verificar como isso se processa, pois tal *dever* é na verdade um *querer* válido para todo ser racional, se sua razão fosse prática, sem obstáculos. Para seres como nós, que ainda são afetados pela sensibilidade, por estímulos de um outro tipo, seres com os quais nem sempre acontece o que a razão faria por si mesma, aquela necessidade da ação chama-se apenas *dever*, e a necessidade subjetiva diferencia-se da objetiva.

Portanto, parece que nessa ideia de liberdade apenas pressupomos a lei moral, ou seja, o próprio princípio em si da autonomia da vontade, mas não podemos provar sua realidade e sua necessidade objetiva; porém ainda teríamos ganho algo muito importante, se pelo menos tivéssemos determinado o verdadeiro princípio com muito mais precisão do que já foi feito, entretanto não teríamos avançado nem um pouco na determinação da sua validade e da necessidade prática de nos submetermos a ele. Não poderíamos dar uma resposta satisfatória àquele que nos perguntasse por que a universalidade da nossa máxima, como uma lei, teria de ser a condição restritiva das nossas ações, e no que baseamos o valor que atribuímos a esse modo de agir, um valor tão grande que não pode haver nenhum interesse maior em lugar algum; e como o ser humano, só com isso, acredita ter a percepção do seu valor pessoal, diante do qual o de uma situação agradável ou desagradável pode ser considerado nulo.

Certamente, achamos que podemos até chegar a ter um interesse por uma qualidade pessoal que não produza nenhum interesse da situação, se pelo menos essa qualidade nos torne capazes de participar dela, no caso da razão fazer a sua distribuição, isto é, acharmos que a simples dignidade de ser feliz, mesmo sem a motivação de participar dessa felicidade, possa nos interessar. Mas na prática esse juízo é apenas o resultado da pressuposta importância das leis morais (quando, por meio da ideia da liberdade, nos separamos de todo interesse empírico). Mas desse modo ainda não conseguimos reconhecer que devemos nos separar desse interesse empírico, isto é, que devemos nos considerar livres ao agir e ainda assim nos mantermos submetidos a determinadas leis, para encontrarmos valor apenas na nossa pessoa; e que isso possa nos compensar pela perda de tudo aquilo que confere valor à nossa situação, e também como isso seria possível, ou seja, sabermos *de onde vem a lei moral* que nos obriga a isso.

Devemos reconhecer que aqui se revela uma espécie de círculo fechado, do qual, ao que parece, não se consegue sair. Na ordem das causas atuantes supomos que somos livres para nos imaginarmos sob leis morais na ordem das finalidades, e depois nos imaginamos submetidos a essas leis porque nos atribuímos a liberdade da vontade. Pois ambos, a liberdade e a legislação própria da vontade, são autonomia, portanto, conceitos em alternância, em que um não pode ser usado para explicar o outro e estabelecer seu fundamento, no máximo apenas para produzir ideias aparentemente diversas do mesmo objeto, num sentido lógico, e reuni-las num único conceito (como frações diversas de mesmo conteúdo reunidas em expressões menores).

Porém ainda nos resta uma saída, ou seja, quando, por meio da liberdade, nós nos imaginamos como causas atuantes a priori, não assumiríamos um outro ponto de vista, diferente daquele em que, depois das nossas ações, nos imaginamos como os resultados que estão diante dos nossos olhos.

Há uma observação que não exige nenhuma reflexão mais sutil, mas da qual podemos supor que possa ser feita pelo mais comum dos entendimentos, mesmo que à sua maneira, por meio de uma obscura diferenciação da capacidade de julgamento, que ele chama de sentimento: é que todas as ideias que nos chegam sem que usemos nosso arbítrio (como as dos sentidos) fazem com que reconheçamos os objetos de modo bem semelhante àquele com que eles nos afetam, enquanto o que eles podem ser de fato, é algo que nos permanece desconhecido. Portanto, quanto a esse tipo de ideia, e por meio dela, mesmo com os maiores esforços de atenção e clareza que o entendimento possa lhe acrescentar, apenas conseguiremos chegar ao conhecimento das *manifestações*, porém nunca às *coisas em si*. Tão logo é feita essa distinção (em todo caso apenas por meio da já mencionada diferença entre as ideias que nos chegam de outros lugares, e que recebemos passivamente, e aquelas que simplesmente produzimos e com as quais demonstramos nossa atividade) resulta por si só que devemos admitir e assumir que existe outra coisa que não é manifestação por trás das manifestações, ou seja, que são as coisas em si, e, como nunca poderemos conhecê-las mas sempre apenas saber como nos afetam, devemos aceitar que nunca conseguiremos nos aproximar delas e saber como são de fato. Isso deve nos mostrar uma distinção, embora grosseira, entre um *mundo sensível e o mundo de entendimento*, em que o primeiro também pode se mostrar amplamente diversificado em função das diferenças de sensibilidade entre alguns espectadores, enquanto o segundo, que está em sua base, sempre permanece o mesmo. Até mesmo o ser humano não deve ter a pretensão de se conhecer, de saber como é de fato, de acordo com o conhecimento que ele tem de si mesmo, por meio da percepção interior. Pois como ele não cria a si mesmo e não tem de si um conceito a priori, mas o obtém empiricamente, é natural que também tome conhecimento de si por meio do seu sentido interior, e portanto apenas pela manifestação de sua natureza e o modo como sua consciência é afetada. É que, necessariamente, além dessa constituição do seu sujeito composta de diversas manifestações, ele precisa aceitar outra coisa que está na sua base, ou seja, seu *eu*, tal como possa estar constituído em si mesmo, e portanto, precisa considerar-se parte do *mundo sensível*, com o propósito da simples conscientização e receptividade das percepções, mas, em relação àquilo que nele possa ser pura atividade (aquilo que chega à sua consciência diretamente e não pela interferência dos sentidos), parte de um *mundo intelectual* que ele ainda não conhece muito bem.

A pessoa pensante precisa chegar a essa conclusão a partir de todas as coisas que lhe forem apresentadas; provavelmente essa conclusão também é encontrada no entendimento da pessoa mais comum, que, como sabido, é inclinada a sempre esperar encontrar, por trás dos objetos dos sentidos, algo invisível, ativo em si mesmo. Mas logo o estraga, na medida em que rapidamente confere a essa coisa invisível um significado sensível, isto é, quer fazer dela um objeto de contemplação, e com isso não se torna nem um pouco mais inteligente.

Então o ser humano encontra de fato dentro dele uma capacidade pela qual se diferencia de todas as outras coisas e até de si mesmo, na medida em que é afetado pelos objetos, e essa capacidade é a *razão*, que, como pura atividade espontânea, ainda está acima do *entendimento*; isso porque, apesar do entendimento também ser atividade espontânea e não conter apenas ideias, como no caso do sentido, e que só surgem quando somos afetados (portanto passivos) pelas coisas, ele não pode produzir, com a sua atividade, outros conceitos além daqueles que apenas servem para *colocar as ideias sensíveis sob regras*. Desse modo, ele reúne essas ideias numa consciência, pois sem o uso da sensibilidade ele não poderia pensar em nada; enquanto que a razão, em nome das ideias, mostra uma espontaneidade tão pura, que excede amplamente tudo o que a sensibilidade lhe pode oferecer, e revela sua mais nobre tarefa na diferenciação entre o mundo sensível e o mundo do entendimento, para com isso indicar ao próprio entendimento os seus limites.

Por isso, um ser racional deve ver a si mesmo *como uma inteligência* (portanto, não por parte de suas forças inferiores) não pertencente ao mundo dos sentidos, mas ao mundo do entendimento; assim, ele possui dois pontos de vista dos quais pode observar a si mesmo e identificar as leis de uso das suas forças, e, potanto, de todas as suas ações: em *primeiro lugar* sob leis da natureza (heteronomia), na medida em que pertence ao mundo sensível, e em *segundo lugar*, como pertencente ao mundo inteligível, sob leis que, independentes da natureza, não são empíricas, mas apenas baseadas na razão.

Como um ser racional — pertencente, portanto, ao mundo inteligível —, o ser humano jamais pode imaginar a causalidade da própria vontade a não ser sob a ideia da liberdade, pois a independência (que a todo momento a razão precisa atribuir a si mesma) das causas determinantes do mundo sensível, é a liberdade. A ideia de liberdade está inseparavelmente ligada ao conceito de *autonomia*, ao qual também está ligado o princípio universal da moralidade, que está na base da ideia de todas as ações dos seres *racionais*, do mesmo modo que a lei da natureza está na base de todas as manifestações.

Então se desfaz a suspeita que levantamos acima, da existência de um círculo vicioso oculto na nossa conclusão sobre a passagem da liberdade à autonomia, e a partir desta à lei moral, ou seja, de que talvez tenhamos colocado a ideia de liberdade como fundamento só por causa da lei moral, para depois deduzir essa lei moral da liberdade, portanto, sem poder dar nenhum fundamento da primeira, mas apenas admitindo-a como concessão de um princípio que as almas bem-intencionadas gostariam de nos oferecer, mas que nunca poderíamos apresentar como uma proposição demonstrável. Pois agora vemos que, quando nos imaginamos livres, nós nos transferimos ao mundo do entendimento como seus membros, e reconhecemos a autonomia da vontade juntamente com sua consequência, a moralidade; mas se nos sentimos obrigados, nós nos consideramos pertencentes ao mundo sensível e ao mesmo tempo ao mundo do entendimento.

*Como um imperativo categórico é possível?*

Como inteligência, o ser racional considera-se parte do mundo do entendimento, e só como causa atuante pertencente a ele é que chama sua causalidade de *vontade*. Por outro lado, ele tem consciência de si mesmo como parte do mundo sensível, no qual encontramos suas ações como meras manifestações daquela causalidade. Mas a possibilidade dessas ações não pode ser reconhecida a partir dessa causalidade, que não conhecemos, pois só conseguiremos isso quando, em seu lugar, aquelas ações sejam vistas como pertencentes ao mundo dos sentidos, determinadas por outras manifestações, ou seja, por desejos e inclinações. Se eu fosse um simples membro do mundo do entendimento, todas as minhas ações estariam totalmente de acordo com o princípio da autonomia da vontade pura; mas como uma mera parte do mundo sensível, minhas ações devem ser consideradas totalmente de acordo com a lei da natureza dos desejos e das inclinações, portanto, da heteronomia da natureza. (As primeiras estariam baseadas no princípio superior da moralidade, as segundas da felicidade.) Mas o *mundo do entendimento contém o fundamento do mundo dos sentidos, e assim também das suas leis*, portanto, quanto à minha vontade (que pertence totalmente ao mundo do entendimento), ele é diretamente legislador, e também deve ser pensado como tal. Então devo me ver como inteligência, apesar de, por outro lado, como um ser pertencente ao mundo dos sentidos, devo reconhecer-me submetido às leis do mundo do entendimento, isto é, da razão, que na ideia de liberdade, contém as leis desse mundo, portanto, da autonomia da vontade. Consequentemente devo considerar as leis do mundo do entendimento como imperativos, e as ações que estão de acordo com esse princípio, como deveres que devo cumprir.

E assim, os imperativos categóricos tornam-se possíveis, pelo fato de que a ideia de liberdade faz de mim o membro de um mundo inteligível, por meio do qual, caso eu fosse parte apenas dele, todas as minhas ações sempre *seriam* conformes à autonomia da vontade. Mas como ao mesmo tempo eu me vejo como membro do mundo dos sentidos, essas ações *devem* ser conformes a essa autonomia, e esse dever *categórico* representa uma proposição sintética a priori, pois, à minha vontade afetada por desejos sensíveis, agrega-se também a ideia da mesma vontade pura, prática para si mesma, porém pertencente ao mundo do entendimento, e que contém a condição suprema da primeira, de acordo com a razão. É mais ou menos como quando se agregam às concepções do mundo dos sentidos os conceitos do entendimento, que em si mesmos não representam nada além de formas legais em geral, e assim tornam possíveis as proposições sintéticas a priori, sobre as quais se baseia todo o conhecimento de uma natureza.

O uso prático da razão humana comum confirma a exatidão dessa dedução. Ninguém, nem mesmo o pior malfeitor, acostumado a usar apenas a razão, quando lhe são apresentados exemplos de bons propósitos, de perseverança na obediência a boas máximas, de solidariedade e benevolência em geral (e, além disso, com grandes sacrifícios de vantagens e comodidades) deixaria de querer ter tantas boas intenções. Mas não consegue, devido às suas inclinações e impulsos, apesar de querer libertar-se dessas tendências, nefastas até para ele mesmo. Com isso ele revela que, com uma vontade livre dos impulsos dos sentidos, consegue transportar-se em pensamento a uma ordem das coisas totalmente diversa daquela dos seus desejos no campo da sensibilidade, porque não pode esperar obter nenhuma satisfação desses desejos, isto é nenhum estado satisfatório a partir de qualquer uma das suas inclinações reais ou imaginárias, (pois com isso até a ideia que o demove do desejo perderia sua excelência) mas apenas um maior valor interior da sua pessoa. Ele acredita ser essa pessoa melhor quando se coloca no ponto de vista de um membro do mundo do entendimento, ao qual é impelido involuntariamente pela ideia de liberdade, isto é, pela independência das causas *determinantes* do mundo dos sentidos; ali então, como membro do mundo dos sentidos, ele se torna consciente de uma boa vontade que, para sua má vontade, como ele mesmo confessa, constitui a lei cuja importância ele até reconhece, ao transgredi-la. Dessa maneira, o dever moral é o seu próprio querer, necessário, como membro de um mundo inteligível, e só considerado por ele como dever na medida em que se considera, ao mesmo tempo, um membro do mundo dos sentidos.

*Do limite extremo de toda filosofia prática*

Todas as pessoas imaginam-se livres em relação à vontade. Por isso todos os julgamentos sobre as ações são realizados considerando-as tal como elas *deveriam ocorrer,* apesar de *não* terem ocorrido. Contudo essa liberdade também não é um conceito da experiência e nem pode ser, porque ele permanece sempre, apesar da experiência mostrar o contrário daquelas exigências que, sob o pressuposto dessa liberdade, apresentam-se como necessárias. Por outro lado, também é necessário que tudo o que ocorre seja inevitavelmente determinado por leis naturais, e essa necessidade natural também não é um conceito da experiência, justamente porque traz consigo o conceito de necessidade, portanto, um reconhecimento a priori.

Mas esse conceito de uma natureza é confirmado pela experiência, e até precisa ser inevitavelmente pressuposto, caso a experiência, isto é, o reconhecimento dos objetos dos sentidos de acordo com leis universais, deva ser possível. Por isso a liberdade é apenas uma *ideia* da razão, cuja realidade objetiva em si é duvidosa; porém a natureza é um *conceito do entendimento* que atesta sua realidade em exemplos da experiência, e precisa necessariamente atestá-la.

Portanto, a partir disso origina-se uma dialética da razão, pois em relação à vontade a liberdade a ela atribuída parece estar em contradição com a necessidade da natureza; e se, nessa separação dos caminhos, a razão, com um *propósito* especulativo, encontra o caminho da necessidade natural muito mais plano e utilizável do que o da liberdade, então, com um *propósito prático*, a trilha da liberdade é a única na qual é possível fazer-se uso da razão nas nossas ações e omissões. Por isso, usar sofismas contra a liberdade torna-se tão impossível para a mais sutil das filosofias, quanto para a mais comum das razões humanas. Portanto, deve-se pressupor que, nessas mesmas ações humanas, não há nenhuma verdadeira contradição entre necessidade natural e liberdade, pois não se pode eliminar o conceito de natureza nem o de liberdade.

Entretanto, essa aparente contradição precisa ser eliminada, pelo menos de uma forma convincente, mesmo que nunca se consiga entender como a liberdade seria possível. Pois se até a ideia de liberdade contradiz a si mesma ou à natureza, que também é tão necessária, então ela deveria ser totalmente abandonada, diante da necessidade natural.

Mas é impossível evitar-se essa contradição se o sujeito, que se considera livre, resolver considerar-se assim também no *mesmo sentido* ou até na *mesma condição* do que quando se considera submetido à lei natural, em relação à mesma ação. Por isso é uma tarefa imprescindível da filosofia especulativa ao menos demonstrar que seu engano, por causa da contradição, consiste em pensarmos o ser humano — quando o chamamos de *livre* — num sentido e numa condição diferentes do que quando o consideramos submetido às leis da natureza, como parte dela. E também que ambos não só podem ficar juntos, mas até podem ser pensados como *necessariamente unidos* no mesmo sujeito, porque senão não poderíamos justificar a sobrecarga da razão com uma ideia que, apesar de poder ligar-se *sem nenhuma contradição* a uma outra ideia já suficientemente estabelecida, envolve-nos numa questão em que a razão é levada a se reduzir consideravelmente no seu uso teórico. Esse dever compete apenas à filosofia especulativa, para que ela abra o caminho à filosofia prática. Portanto, não cabe ao arbítrio do filósofo eliminar a aparente contradição ou deixá-la intocada; pois, neste último caso, a teoria a esse respeito é *bonum vacans*,[2] em que o fatalista até pode se instalar, com razão, e expulsar a moral de sua suposta propriedade, mesmo sem a devida titulação.

Entretanto, neste caso ainda não podemos dizer que aqui começa o limite da filosofia prática. Pois a solução daquele conflito não é sua atribuição, ela só exige da razão especulativa que acabe com a discórdia em que ela mesma se envolveu, nas questões teóricas, para que a razão prática tenha tranquilidade e segurança para os ataques externos que poderiam disputar o terreno em que ela pretende se estabelecer.

A pretensão ao direito à liberdade de vontade, por parte da razão humana comum, baseia-se na consciência e na já aceita pressuposição de independência da razão referente às causas determinantes apenas subjetivas, que, juntas, constituem aquilo que só pertence à sensação, portanto, reúnem-se sob a denominação geral de sensibilidade. O ser humano, que desse modo se considera inteligência, coloca-se numa outra ordem das coisas e numa relação com princípios determinantes de um tipo bem mais diverso quando se acha dotado de inteligência com uma vontade, portanto com causalidade — mais do que quando se percebe como um fenômeno no mundo sensível

---

[2] No campo do direito, a expressão latina *bonum vacans* significa uma propriedade vacante, ou seja, sem dono. (N.T.)

(o que ele é, de fato) e submete sua causalidade a uma determinação externa segundo leis naturais. Então ele logo percebe que ambos podem existir ao mesmo tempo, e assim deve ser. Pois o fato de uma *coisa na manifestação* (pertencente ao mundo dos sentidos) estar submetida a determinadas leis, das quais é independente *como coisa* ou *ser em si mesmo*, não possui a mínima contradição, mas o fato do ser humano ter de se representar e se pensar desse modo ambivalente, reside, no primeiro caso, na consciência de si mesmo como objeto afetado pelos sentidos, e no segundo, na consciência de si mesmo como inteligência, isto é, como independente no uso racional de impressões sensoriais (portanto, como pertencente ao mundo do entendimento).

É por isso que o ser humano atribui a si uma vontade que não admite o acesso a nada que faça parte dos seus desejos e inclinações, e que, pelo contrário, considera possíveis, ou até necessárias as ações que só poderiam ocorrer se fossem desconsiderados todos os desejos provocados por excitações sensoriais. A causalidade dessas ações está nele como inteligência, e também nas leis dos efeitos e ações de acordo com princípios de um mundo inteligível, do qual ele não sabe nada além de que nele simplesmente a razão, e na verdade a razão pura, independente da sensibilidade, é que fornece a lei. Da mesma forma, como só ali ele é o seu verdadeiro eu, como inteligência (enquanto como ser humano não passa da manifestação de si mesmo), aquelas leis referem-se a ele direta e categoricamente, e assim os estímulos das suas inclinações e impulsos (e, portanto, toda a natureza dos sentidos) não podem prejudicar as leis da sua vontade como inteligência. Além disso, ele não responsabiliza suas inclinações e impulsos e não os atribui ao seu eu verdadeiro, isto é, à sua vontade, mas à complacência que teria com eles, caso lhes permitisse exercer uma influência sobre suas máximas, prejudicando assim as leis racionais da vontade.

Quando a razão prática *se imagina* inserida num mundo de entendimento, ela não ultrapassa seus limites, mas o faz quando quer *olhar para dentro* dele, *perceber-se* nele. O primeiro é apenas um pensamento negativo em relação ao mundo dos sentidos, que não oferece leis à razão, na determinação da vontade; ele só é positivo num único ponto, ou seja, quando aquela liberdade, como determinação negativa, liga-se a um recurso (positivo) e até a uma causalidade da razão, que chamamos de vontade, para agir de modo que o princípio das ações seja conforme a qualidade essencial de uma causa racional, isto é, a condição da validade universal da máxima, como uma lei. No entanto, se a razão fosse buscar um *objeto da vontade*, isto é, um estímulo, do mundo do entendimento, ela ultrapassaria seus limites, ao pretender conhecer algo do qual nada sabe. O conceito de um mundo do entendimento, portanto, é apenas um *ponto de vista* que a razão se vê obrigada a assumir fora das manifestações, *para pensar a si mesma como prática*, e que não seria possível caso as influências da sensibilidade fossem determinantes para o ser humano; porém isso seria necessário para que não seja negada a consciência de si mesmo, como inteligência, portanto, como origem racional e de uma razão livremente atuante. Naturalmente esse pensamento traz consigo a ideia de uma ordem e uma legislação diferentes daquelas do mecanismo natural relativo ao mundo dos sentidos, e torna necessário o conceito de um mundo inteligível (isto é, a totalidade dos seres racionais como coisas em si), mas sem a mínima pretensão de considerá-lo a não ser de acordo com sua condição *formal*, isto é, a universalidade da máxima da vontade como lei, portanto, de acordo com a autonomia dessa vontade, que só pode existir com a liberdade; por outro lado, todas as leis destinadas a um objeto produzem heteronomia, que só se encontra em leis naturais referindo-se apenas ao mundo dos sentidos.

Mas a razão ultrapassaria todos seus limites se decidisse explicar como a razão pura poderia ser prática, o que seria o mesmo que tentar explicar *como a liberdade seria possível*.

Não podemos explicar nada além do que podemos referir a leis cujo objeto tenha a possibilidade de existir em alguma experiência. Mas a liberdade é uma simples ideia, cuja realidade objetiva não poderá, de modo algum, ser demonstrada de acordo com leis naturais, portanto também não em uma possível experiência, que também nunca poderá ser entendida nem reconhecida sem nenhum exemplo ou nenhuma analogia. Ela vale apenas como um pressuposto necessário da razão, em um ser que se acredita consciente de uma vontade, isto é, de uma faculdade diferente da mera faculdade do desejo (quer dizer, determinar-se à ação como inteligência, portanto, de acordo com leis da razão e independente dos instintos naturais). Mas ali onde termina a determinação de acordo com leis naturais, também termina toda *explicação*, e nada resta além da *defesa*, isto é, a recusa às críticas daqueles que afirmam ter olhado mais profundamente para a essência das coisas, e por isso logo declaram a liberdade como impossível. Só podemos mostrar-lhes que a contradição, supostamente descoberta por eles, apenas ocorreu porque, para tornar válida a lei natural em relação às ações humanas, tiveram de considerar o ser humano necessariamente como manifestação; e então, como se exigiu deles que, além de considerar esse ser humano como inteligência, também deveriam considerá-lo como coisa em si, continuaram a considerá-lo como manifestação, em que, naturalmente, a separação da sua causalidade (isto é, a sua vontade) de todas as leis naturais do mundo dos sentidos, num único e mesmo sujeito, seria uma contradição. Mas essa contradição não existiria se eles quisessem refletir e reconhecer, justamente, que por trás das manifestações as coisas em si (apesar de ocultas) constituem a sua base, e que não podemos exigir que as suas leis de atuação sejam as mesmas a que estão submetidas as manifestações.

A impossibilidade subjetiva de *explicar* a liberdade da vontade é a mesma que a impossibilidade de descobrir e tornar compreensível um *interesse*[3] que o ser humano possa ter pelas leis morais; e de fato, ele passa a ter um interesse por elas pelo que chamamos de fundamento

---

[3] Interesse é aquilo pelo qual a razão se torna prática, ou seja, é a causa determinante da vontade. Por isso dizemos que apenas um ser racional tem interesse, as criaturas irracionais só sentem os impulsos dos sentidos. A razão só sente um interesse direto pela ação quando a validade geral da sua máxima é um motivo suficiente para a determinação da vontade. Só um interesse assim é puro. Mas se ele só pode determinar a vontade por meio de outro objeto de desejo ou sob o pressuposto de um sentimento específico do sujeito, a razão assume um interesse apenas indireto pela ação, e como a razão sozinha não pode descobrir o objeto da vontade sem a experiência, e também não um sentimento especial ligado à sua base, esse interesse seria apenas empírico e não um interesse puro da razão. O interesse lógico da razão (para fomentar suas percepções) nunca é direto, mas pressupõe os propósitos de sua utilização. (N. A.)

em nós, ou seja, o sentimento moral, que foi apresentado erroneamente por algumas pessoas como diretriz do nosso julgamento moral, pois deveria ser visto muito mais como o efeito *subjetivo* que a lei exerce sobre a vontade, para a qual só a razão fornece os motivos objetivos. Para se querer apenas aquilo que a razão prescreve como dever ao ser racional afetado pelos sentidos, naturalmente é preciso um recurso da razão que *inspire* um *sentimento de prazer* ou de satisfação no cumprimento do dever, portanto, uma causalidade do mesmo para determinar a sensibilidade de acordo com os seus princípios. Mas é totalmente impossível saber, isto é, tornar compreensível a priori, de que maneira um simples pensamento, que em si não contém nada de sensível, pode produzir uma percepção de prazer ou desprazer; pois este é um tipo muito especial de causalidade, da qual, assim como de qualquer causalidade, não podemos determinar nada a priori, porque a esse respeito precisamos consultar a experiência. Mas como esta última não pode nos dar nenhuma relação de causa e efeito, a não ser entre dois objetos da experiência, em que, no caso, por meio de meras ideias (que não fornecem nenhum objeto à experiência) a razão pura deve ser a causa de um efeito (que naturalmente está na experiência), então é totalmente impossível para nós, seres humanos, explicarmos como e por que *nos interessa a universalidade da máxima como lei*, portanto a moralidade. Mas é certo que ela não tem valor para nós porque *nos interessa* (pois isso é heteronomia e dependência da razão prática em relação à sensibilidade, ou seja, a um sentimento na sua base, e assim ela nunca poderia ser moralmente legisladora), mas nos interessa porque tem valor para nós enquanto seres humanos, por ter surgido a partir de nossa vontade, como inteligência, portanto, do nosso verdadeiro eu. *Mas o que pertence à simples manifestação*, é necessariamente submetido, pela razão, à qualidade da coisa em si.

Portanto, a pergunta de como seria possível um imperativo categórico poderá ser respondida apenas na medida em que apresentarmos o único pressuposto sob o qual ele seria possível, ou seja, a ideia de liberdade, e também na medida em que se reconhece a necessidade desse pressuposto, o que é suficiente para o *uso prático* da razão, isto é, para a convicção da *validade desse imperativo*, e por isso também da lei moral; mas de que modo esse pressuposto em si seria possível é algo que nunca poderá ser reconhecido por nenhuma razão humana. Sob o pressuposto da liberdade da vontade de uma inteligência, a sua *autonomia* é uma consequência necessária, como condição formal sob a qual só ela poderá ser determinada. Pressupor essa liberdade da vontade (sem cairmos em contradição com o princípio da necessidade natural, na sua vinculação com as manifestações do mundo dos sentidos) também não é apenas totalmente *possível* (como nos mostra a filosofia especulativa), mas também admiti-la praticamente, na ideia de colocá-la como condição a todas as suas ações voluntárias sem qualquer outra condição, é algo necessário a todo ser racional, consciente da sua causalidade por meio da razão, portanto, de uma vontade (que se difere dos apetites). Mas de que modo a razão pura poderia ser prática por si mesma sem outros estímulos provenientes de outros lugares, isto é, de que modo o simples *princípio* da universalidade de todas as suas máximas como leis (que naturalmente seria a forma de uma pura razão prática) sem nenhuma matéria (objeto) da vontade que pudesse lhe interessar previamente, poderia oferecer um estímulo por si mesma e produzir um interesse puramente moral, ou, em outras palavras, explicar como a *razão* pura poderia ser *prática*; mas para isso, toda razão humana é totalmente incapaz, e todo esforço e empenho na busca de uma explicação serão inúteis.

    Seria o mesmo que tentar fundamentar como a liberdade seria possível, mesmo como causalidade de uma vontade. Então eu abandono o princípio filosófico explicativo, e não tenho nenhum outro. Entretanto, eu ainda poderia divagar no mundo inteligível que ainda me resta, o mundo das inteligências; mesmo que eu tivesse uma *ideia*, com um bom fundamento, não tenho o mínimo *conhecimento* a seu respeito e nunca poderia alcançá-lo, nem com todo o esforço do recurso natural da minha razão. Ele representa apenas algo que restou quando, dos fundamentos de determinação da minha vontade, excluí tudo o que faz parte do meu mundo dos sentidos, apenas para delimitar o princípio das motivações do campo da sensibilidade, restringindo-o e mostrando que ele não abrange tudo em todas as coisas, mas que ainda existe algo mais fora dele; em todo caso, eu não conheço esse "algo mais". Depois da separação de toda matéria, isto é, do reconhecimento dos objetos, não me resta mais nada da razão pura que pensa esse ideal, além da sua forma, ou seja, a lei prática da universalidade das máximas, e, de acordo com ela, a razão em relação a um puro mundo do entendimento como possível causa atuante, isto é, como determinante da vontade. O estímulo, neste caso, está totalmente ausente, pois essa ideia em si de um mundo inteligível deveria ser o próprio estímulo, ou aquilo pelo qual a razão, originalmente, criasse um interesse. Mas torná-lo compreensível é justamente a questão que não conseguimos solucionar.

Portanto, nesse caso o limite supremo de toda pesquisa moral, cuja determinação também é da maior importância, para que, por um lado, a razão não fique procurando um motivo superior e um interesse compreensível, porém empírico, no mundo dos sentidos, e de uma forma prejudicial à moral, e por outro lado, para que ela também não fique sem forças batendo asas inutilmente no espaço para ela vazio dos conceitos transcendentes, sob o nome de mundo inteligível, sem conseguir sair do lugar, perdendo-se em meio a quimeras. Além disso, a ideia de um mundo puro do entendimento como um conjunto de todas as inteligências, e do qual fazemos parte como seres racionais (apesar de, por outro lado, também como membros do mundo dos sentidos) continua sendo sempre uma ideia útil e permitida, com o propósito de uma crença racional, mesmo quando todo o saber termina no seu limite; e isso, para produzir em nós um vívido interesse pela lei moral, por meio do maravilhoso ideal de um reino universal *das finalidades em si* (de seres racionais) ao qual só podemos pertencer, como membros, se nos conduzirmos cuidadosamente de acordo com as máximas da liberdade, como se fossem leis da natureza.

## OBSERVAÇÃO FINAL

O uso especulativo da razão, *relativo à natureza*, conduz à necessidade absoluta de uma causa suprema do *mundo*; o uso prático da razão, em *relação* à liberdade, também conduz à absoluta necessidade, mas apenas das *leis das ações* de um ser racional como tal. É um *princípio* essencial de todo uso da nossa razão, levar o seu reconhecimento até a consciência da sua *necessidade* (pois sem isso ela não seria conhecimento da razão). Mas é uma *limitação* igualmente essencial da mesma razão, não reconhecer a *necessidade* do que existe, ou do que acontece, nem do que deve acontecer, se não for colocada, como fundamento, uma *condição* sob a qual isso existe, acontece, ou deve acontecer. Porém desse modo, por meio da constante pergunta pela condição, a satisfação da razão é sempre postergada. Por isso ela busca incansavelmente o incondicional--necessário, e vê-se obrigada a aceitá-lo sem nenhum meio que possa torná-lo compreensível. É feliz o bastante quando consegue descobrir o conceito compatível com esse pressuposto. Portanto, não é uma falha da nossa dedução do princípio supremo da moralidade, mas uma crítica que deveríamos fazer à razão humana em geral, por não conseguir tornar compreensível uma lei incondicionalmente prática (como deve ser o imperativo categórico) de acordo com sua absoluta necessidade. Não se pode censurá-la por não querer fazê-lo por meio de uma condição, mas por meio do fundamento de um interesse qualquer, porque então não seria uma lei moral, isto é, uma lei suprema da liberdade. E assim não compreendemos a incondicional necessidade prática do imperativo moral, mas compreendemos sim, sua *incompreensibilidade*, que é tudo que justamente pode ser exigido de uma filosofia que luta para alcançar, nos princípios, os limites da razão humana.

**CONTINUE COM A GENTE!**

- Editora Martin Claret
- editoramartinclaret
- @EdMartinClaret
- www.martinclaret.com.br

Impressão e Acabamento
**Bartiragráfica**
(011) 4393-2911